**Aus dem Institut für Internationales Recht
an der Universität Kiel**

Staatenschutzvertrag zur Sicherung des Weltfriedens

Von

Anna B. Eckstein

:: **Verlag von Duncker & Humblot. München und Leipzig** ::

Vorbemerkung.

Der hier unterbreitete Entwurf zu einem „allgemeinen Staatenschutzvertrag zur Sicherung des bleibenden Weltfriedens" ist eine nach Ausbruch des Weltkrieges vorgenommene Neubearbeitung der seit Ende 1907 bis August 1914 in Umlauf gewesenen, an die hohen Regierungen, die auf der Dritten Haager Friedenskonferenz würden vertreten sein, gerichteten „Weltpetition zur Verhütung des Krieges zwischen den Staaten".

Das erste und zweite Kapitel der vorliegenden Schrift sind inhaltlich die Wiedergabe eines Teils der Vorträge, die ich in Amerika und Europa hielt, um Unterschriften zu der „Weltpetition" zu werben.

Das dritte Kapitel enthält einen kurzen Überblick über die Entstehung der Weltpetition und die Aufnahme, die sie in den verschiedenen Ländern fand.

Im Herbste 1915 und Anfang 1916 sandte ich mehrere Exemplare der vorliegenden Schrift, in erster Abfassung, als Manuskript unter dem Titel „Denkschrift. Zur politischen Zielsetzung nach dem Weltkrieg. Eine Neubearbeitung der Weltpetition zur Verhütung des Krieges zwischen den Staaten", an zuständige Stellen und einzelne Persönlichkeiten der Mittelmächte und des neutralen Auslandes.

Herrn Professor Dr. *Th. Niemeyer*, Direktor des Instituts für Internationales Recht an der Universität Kiel, verdanke ich

IV

die Anregung zu der Neubearbeitung der Weltpetition. Im besonderen für diese Ermutigung, sowie für alle den Ideen der Weltpetition zugewandte Förderung seitens treuer Mitarbeiter und Unterzeichner möchte ich auch an dieser Stelle meine herzliche, nie erlöschende Dankbarkeit ausdrücken.

Die vorliegende Arbeit unterbreite ich in der Hoffnung, daß sie etwas dazu beitragen möge, das Eintreten in die den Weltkrieg beendenden Friedensverhandlungen zu beschleunigen und dieselben zu erleichtern.

Anna B. Eckstein.

Coburg, Januar 1919.

Fräulein Anna B. Eckstein, welche den in dieser Schrift niedergelegten Plan seit zwanzig Jahren verfolgt und für diese Idee in beispielloser Hingabe ihre Lebenskraft einsetzt, hat als Mitarbeiterin des Kieler Instituts für Internationales Recht auf meine Anregung die Geschichte ihres Wirkens (S. 64 ff.) und den Inhalt ihres Planes zusammenfassend dargelegt. Diese Darlegung als Dokument eines vorbildlichen praktischen Idealismus im Dienste der Völkerrechtspolitik der Oeffentlichkeit zu übergeben gereicht mir zur besonderen Freude.

KIEL, 10. März 1919.

Th. Niemeyer.

Inhalts-Verzeichnis.

	Seite
Vorbemerkung	III
Inhaltsverzeichnis	V
Erstes Kapitel. Die Auffassung vom Sinn des Lebens, die dem „Entwurf zu einem allgemeinen Staatenschutzvertrag zur Sicherung des bleibenden Weltfriedens" zugrunde liegt	1
1. Das amtlich erklärte Endziel der internationalen Politik von 1898 und seit Ausbruch des Weltkrieges	1
2. Das Ideal der Vollkommenheit	3
3. Der Wille zur Vollkommenheit	9
4. Die Verantwortung:	
a) des Einzelmenschen	16
b) des Staates	17
c) des Völkerbundes	18
Zweites Kapitel. Entwurf zu einem allgemeinen Staatenschutzvertrag zur Sicherung des bleibenden Weltfriedens nebst Begründung	24
Entwurf	24
Begründung	27
1. Kein Weltbundesstaat, sondern Schutzgebiet gegen internationale Vergewaltigung	27
2. Zu Artikel 1 des Hauptvertrages	28
a) Allgemeine freiwillige Beschränkung der völkerrechtlichen Souveränität	28
b) Was sind nationale Lebensinteressen? und was ist nationale Ehre?	29
c) *Vorbehaltloser* Weltschiedsgerichtsvertrag?	32
d) Welcher Status quo soll die Grundlage des allgemeinen Staatenschutzvertrages zur Sicherung des bleibenden Weltfriedens bilden?	37
e) Keine starre Festlegung des Status quo	40

VI

	Seite
3. Zu Artikel 2 des Hauptvertrages	42
a) Wortlaut des Artikels 2 wiederholt	42
b) Zwei Ursachen-Gruppen internationaler Streitigkeiten	42
c) Staatliche Entwicklungs- bezw. Selbstvervollkommnungs-Interessen internationaler Wesensart	43
d) Die Selbstvervollkommnungs-Ehre des Staates	44
e) Völkerrechtlicher Schutz der Selbstvervollkommnungs-Interessen internationaler Wesensart und der darin gebundenen Ehre	45
4. Zu Artikel 3 des Hauptvertrages	49
a) Wortlaut des Artikels 3 wiederholt	49
b) Die überstaatliche Vollzugsgewalt	49
c) Das Notwehrgesetz	50
d) Die Zwangsmittel der überstaatlichen Vollzugsgewalt:	
1. Der gemeinsam verhängte allgemeine Boykott	52
2. Vereinte Waffengewalt	55
5. Zum Nebenabkommen	56
a) Wortlaut des Nebenabkommens wiederholt	56
b) Zweck des Nebenabkommens	57
c) Warum ist das Nebenabkommen zunächst unabhängig vom Hauptvertrag abzuschließen?	57
d) Zur ersten internationalen Maßnahme. Der Grundsatz der „offenen Tür".	58
e) Zur zweiten internationalen Maßnahme. Internationale schiedsgerichtliche Revisions- und Berufungsinstanzen	58
f) Zur ersten nationalen Maßnahme. Gleichberechtigung aller Nationalitäten	59
g) Zur zweiten nationalen Maßnahme. Parlamentarisierung der auswärtigen Politik	59
h) Zur dritten und vierten nationalen Maßnahme. Strafgesetze gegen internationale Verhetzung. Verstaatlichung der Rüstungsindustrie	60
i) Zur fünften nationalen Maßnahme. Abrüstung	60
j) Die zwei Parteien jedes Staates	62
Drittes Kapitel. Umriß der Geschichte des Entwurfs zu einem Allgemeinen Staatenschutzvertrag zur Sicherung des bleibenden Weltfriedens	64
1. Petition an die Zweite Haager Friedenskonferenz 1907	64
2. „Weltpetition zur Verhütung des Krieges zwischen den Staaten. An die hohen Regierungen der bei der Dritten Haager Friedenskonferenz vertretenen Staaten"	65
a) Zweck der „Weltpetition"	66
b) Beschränkung der Propaganda wegen Mangels an finanziellen Mitteln	66

		Seite
c)	Finanzielle Unterstützung durch Herrn und Frau *Edwin Ginn*-Boston, Mass.	67
d)	Die Propaganda in Europa	67
e)	Schwierigkeiten	68
f)	Die Aufnahme, die den in der „Weltpetition" enthaltenen Ideen in den verschiedenen Ländern zuteil wurde:	
	1. Die düstere Seite des Bildes	68
	2. Die lichte Seite des Bildes	72

3. Umgestaltung der „Weltpetition" in die Form des Entwurfs zu einem allgemeinen Staatenschutzvertrag zur Sicherung des bleibenden Weltfriedens 82

„Denn diese Welt ist unausrottbar sündig".
„So schaffen wir die beßre!" klang vom Ritter
Die ritterliche Antwort hell und bündig.
Aus Friedrich Lienhards
„Parsifal und der Büßer". („Lichtland".)

ERSTES KAPITEL.

Die Auffassung vom Sinn des Lebens, die dem „Entwurf zu einem allgemeinen Staatenschutzvertrag zur Sicherung des bleibenden Weltfriedens" zugrunde liegt.

1. Das amtlich erklärte Endziel der internationalen Politik von 1898 und seit Ausbruch des Weltkrieges.

„Die Erhaltung des Friedens ist als das Endziel der internationalen Politik aufgestellt worden". Dieser Satz steht in dem Zarenmanifest, das am 28. August 1898 der damalige russische Minister des Äußeren, Graf *Murawiew,* im Petersburger „Regierungsboten" veröffentlichte, und das zur Ersten Haager Friedenskonferenz führte.

Seit Ausbruch „der Katastrophe, welche man" — wie es weiter in der Kundgebung heißt, — „zu vermeiden wünscht, und deren Schrecken jeden Menschen schon beim bloßen Gedanken schaudern machen", erklärt immer aufs neue die Regierung jedes kriegführenden Staates, ihr Kriegsziel und das Endziel ihrer internationalen Politik sei: Verhinderung einer Katastrophe wie der Weltkrieg für alle Zeiten; mit anderen Worten: bleibender Weltfriede.

Und welche neutrale Regierung, und welches Volk stimmte in seiner Mehrheit dieser Erklärung nicht bei!

In dem Endziele der internationalen Politik treffen also auch heute noch, nach all den weltpolitischen Geschehnissen seit 1898 die amtlich bekundeten Absichten der Staaten zusammen.

Daß das Endziel zunächst nicht erreicht wurde trotz Friedensbewegung und Haager Friedenskonferenzen ist kein Grund zu dem Schluß, die Sicherung des bleibenden Weltfriedens liege außerhalb der Grenzen des menschlichen Könnens. Angesichts der gewaltigen neuzeitlichen Leistungen des menschlichen Geistes wäre eine solche Schlußfolgerung läppisch, solange nicht nachgewiesen wurde, daß Habgier, Herrschsucht und Vergewaltigungslust, die zweifellos vielen Menschen anhaften, unausrottbar sind; und daß die Mittel, die vor dem Weltkrieg angewandt, bezw. im allgemeinen angestrebt wurden, um den Weltfrieden zu sichern, nicht verfehlte waren.

Der Beweis wäre erst noch zu erbringen.

Vom Gesichtspunkte einer Lebensauffassung aus, die mit den menschlichen Urtrieben zur Selbsterhaltung, zur Fortpflanzung und zur **Selbstvervollkommnung** als mit dem Gegebenen rechnet, und in der Befriedigung dieser drei Urtriebe die Urrechte und Urpflichten aller, und den unabänderlichen, den Gott-gewollten Sinn des Lebens, **das Wesen der Kultur**, sieht, ist jedenfalls die Annahme von der Unausrottbarkeit der Habgier, Herrschsucht und Vergewaltigungslust abzulehnen; und mit der weltpolitischen Forderung, die sich aus der angedeuteten Auffassung vom Sinn des Lebens ergibt, sind auch die in der Vergangenheit zur Sicherung des Weltfriedens angewandten, bezw. im allgemeinen angestrebten Mittel, wie der Grundsatz „si vis pacem, para bellum", die **Forderung der Abrüstung ohne vorherige Abschaffung der Kriegsmöglichkeit**, sodann die Forderung **vorbehaltloser**, bindender internationaler Schiedsgerichtsverträge unvereinbar.

Die praktisch-politische Bedeutung des Ideals sollte nie unbeachtet gelassen werden. Und da dem in vorliegender Schrift enthaltenen „Entwurf zu einem allgemeinen Staatsschutzvertrag zur Sicherung des bleibenden Weltfriedens" die oben angedeutete

Lebensauffassung zugrunde liegt, wird auf diese zunächst etwas näher einzugehen sein.

2. Das Ideal der Vollkommenheit.

Ausgangspunkt der Lebens- und Kulturauffassung, welche hier vertreten wird, ist die Antwort, die auf unsere Frage: Was ist des Lebens Sinn? Christus gibt. Christus sagt Matth. 5, 48 (vergl. auch 3. Mose, 19, 2): „Ihr sollt vollkommen sein, gleichwie euer Vater im Himmel vollkommen ist". Was selbstredend nicht bedeuten kann, daß der Mensch ein vollkommener Gott werde, ebensowenig wie es bedeuten kann, daß der Mensch sich zu einem vollkommenen Baum, einer vollkommenen Rose, oder sonst etwas Vollkommenem entwickele, sondern doch: so wie Gott, unser Vater, vollkommen ist gemäß der Ihm, und Ihm allein, eigenen Wesensart, so soll auch jeder einzelne Mensch in derjenigen Form vollkommen sein, die der besonderen Wesensart, die ihm allein eigen ist, und ihn von allen anderen Menschen unterscheidet, entspricht.

Wie Gott Selbst, so sind auch Seine Werke vollkommen. Die großartige Ordnung und Harmonie im Getriebe des Sternenhimmels über uns und in der Natur um uns ist der vom Schöpfer erteilte Anschauungsunterricht, um uns Menschen zu lehren: so sollen auch eure Werke vollkommen sein. Wie jeder einen Einzelmenschen bildende Organismus vollkommen sein soll, so soll auch jedes vom Menschen geschaffene Gebilde, so soll jedes Gemeinwesen, so soll jeder Staat vollkommen sein. Und wie der Einzelstaat, so auch das umfassendste Gemeinschaftsgebilde, das der Mensch bis jetzt geschaffen hat: die Völkerrechtliche Gemeinschaft der Haager Signatarmächte und der ins Leben zu rufende Völkerbund.

Nur unter diesen Bedingungen, nur wenn die Kulturarbeit auf die Vervollkommnung jedes Einzelmenschen und jedes, vom Menschen geschaffenen Gebildes gerichtet ist, wenn die Kultur zielbewußt Vollkommenheitskultur wird, ist ein einstiger Zukunftszustand auf Erden denkbar, wo jeder Mensch, ohne Ausnahme, ein, seiner individuellen Eigenart entsprechend, wirtschaftlicher, sittlicher, politischer und religiöser Vollwert, eine harmonische Persönlichkeit, ein vollkommener Mensch, werden kann. Und weil vollkommen, auch schön, auch glücklich. Denn im Wesen des Vollkommenwerdens liegt, daß es Häßlichkeit und Leid in Schönheit und Glückseligkeit verwandelt. Vollkommenheit löst Schönheit und Glückseligkeit aus. Wo mit der Vollkommenheit der Menschen und der menschlichen Einrichtungen jener Zustand auf Erden einzieht, da jeder Mensch und jeder Staat des andern Freund ist, wo einzieht das Reich Gottes auf Erden.

Was Christus als den Sinn des Lebens verkündet, steht in keinem Widerspruch mit den Auffassungen der Begründer der anderen großen Religionen. Und es steht in vollem Einklang mit der nimmermüden Sehnsucht aller lebensstarken Menschen nach jener „Verbesserung", von der Schiller sagt: „Die Welt wird alt und wird wieder jung, doch der Mensch hofft immer Verbesserung." In Christi Ideal von der Vervollkommnung aller Menschen und ihrer Werke, in dem Ideale der Vollkommenheitskultur, ist also für alle Religionen, Konfessionen und Lebensauffassungen, ist für alle Völker gemeinsamer Boden.

Wenn nun aber der Menschen Sehnsucht nach Verbesserung „kein leerer Wahn" ist, wenn Christus die Wahrheit gewußt und verkündet hat, dann müssen auch die Vorbedingungen zur Verwirklichung des Vollkommenheitsideales vorhanden sein erstens im Planeten, auf dem wir leben, und zweitens in der Wesensbeschaffenheit der Menschen.

Es fragt sich also, ob unsere Erde die Summe von Schätzen birgt, die erforderlich ist zum Vollkommenwerden aller? Malthus hat es verneint. Doch haben wir seitdem umgelernt. Wenn ein Umlernen für die Tiefer- und Sozialerschauenden und Aufrechten überhaupt nötig war. Und hätten noch Zweifel bestanden, der Weltkrieg hat damit aufgeräumt. Man braucht sich beispielsweise nur etwas eingehender mit der Bodenverbesserung von Ödland im deutschen Reich zu beschäftigen und auf Grund allein dieser Ergebnisse und des bis jetzt erreichten Höhenstandes der Wissenschaft und Technik die Möglichkeiten auszurechnen, die noch in Europa, zumal in Rußland, sodann in Amerika, Australien, den Südsee-Inseln, in Asien und Afrika bestehen. Die Schlußfolgerung wird sein: im Planeten sind die Vorbedingungen zur Vervollkommnung aller gegeben. Raum, und nicht allein Raum, auch Reichtum für alle hat die Erde.

Sehen wir uns weiter die Wesensbeschaffenheit der Menschen daraufhin an, ob auch hier die Vorbedingungen zur Verwirklichung des Vollkommenheitsideales gegeben sind, so ergibt sich folgendes: Jedes gesunde Kind ist bei seiner Geburt eine belebte Zusammensetzung von Körper-, Verstandes- und Gefühlskräften in größtenteils latentem Zustande. Zugleich mit seiner dreifachen Kräftezusammensetzung bringt jedes lebensstarke Kind bei seiner Geburt auch die Keime dreier Urtriebe mit. Diese sind: der Urtrieb zur Selbsterhaltung, der Urtrieb zur Fortpflanzung und der Urtrieb zur Selbstvervollkommnung. Alle drei Urtriebe drängen nach Befriedigung. Sie zwingen den Menschen, seine körperlichen, verstandesmäßigen und gefühlsmäßigen Kräfte in ihren Dienst zu stellen und dem Planeten die zu ihrer Befriedigung dort gegebenen Schätze abzugewinnen. Durch diese Tatsachen nun, daß der Mensch bei seiner Geburt mit einer dreifachen Kräftezusammensetzung und mit drei Urtrieben ausgestattet ist, und daß er von den Urtrieben zwecks deren Befriedigung gezwungen wird, dem Planeten seine Güter abzugewinnen, sind die zur Verwirklichung des Vollkommenheitsideales Christi erforderlichen Vorbedingungen auch in der Wesensbeschaffenheit des Menschen vorgesehen und ergänzen die Vorbedingungen, die im Planeten vorhanden sind.

Die herrlichen wissenschaftlichen und technischen Errungenschaften und Leistungen, besonders der jüngsten Jahrzehnte, reden eine beredte Sprache von der durch die Urtriebe erzwungenen menschlichen Befähigung zur Gewinnung der Güter, die der Planet birgt.

Allein die Vorbedingungen und der durch sie erzwungene Erwerb der Güter genügen nicht. Es muß hinzukommen die **angemessene Verteilung der Güter.**

Die Verteilung der Güter, wie sie die Vervollkommnung aller Menschen und ihrer Werke fordert — **das ist die große sittliche Aufgabe,** vor die der Mensch durch seine Geburt in dieses Erdenleben herein gestellt ist.

Hier aber — auf dem Gebiete der Güterverteilung — herrscht noch ein Chaos. Ein Versuch, ordnend in dasselbe einzudringen, wird zunächst zu einer weiteren Betrachtung der Wesensbeschaffenheit des Menschen und zu der Frage führen: Sollte die gehemmte Entwicklung der Güterverteilung nicht zum Teil auf eine Verkennung zurückzuführen sein? Auf eine Verwechselung zwischen den Urtrieben und ihren Entartungen? Daß die Urtriebe vielfach entartet sind, ist offenbar. Die Entartungen sind durch Mißbrauch der Macht — sei es körperlicher oder geistiger, sozialer, wirtschaftlicher oder politischer Macht — entstanden, haben sich vererbt und wurden als „Naturtriebe" betrachtet, gegen die der Mensch machtlos sei. Hierher gehören Habgier, Herrschsucht und Vergewaltigungslust, durch die der Krieg „unausrottbar" in der menschlichen Natur begründet sein soll. Aber nachweislich können doch Habgier, Herrschsucht, Vergewaltigungslust und andere sogenannte „Naturtriebe" durch entsprechende Entwicklungsbedingungen und Erziehung ausgelöscht werden, wenn in Fällen auch eine kürzere oder längere Reihe von Generationen dazu nötig ist. Sie können ausgelöscht werden. Anders bei den Urtrieben. Wohl können menschliche Einrichtungen den Selbsterhaltungstrieb, den Fortpflanzungstrieb und den Selbstvervollkommnungstrieb in der Entwicklung behindern, verstümmeln, ihre Entartung herbeiführen, doch keine menschliche Macht kann sie aus der Welt schaffen. Immer wieder werden mit jedem gesunden Kinde dieselben drei Urtriebe neu geboren in schlummernder Vollkraft und Reinheit.

Der Selbsterhaltungstrieb ist das natürliche Schutzorgan des Einzelmenschen, der Fortpflanzungstrieb dasjenige der Gattung. Einen Sinn jedoch gibt der Erhaltung und der Fortpflanzung des menschlichen Lebens erst der Selbstvervollkommnungstrieb.

Der Selbstvervollkommnungstrieb ist der Drang nach Macht und deren Hineinharmonisierung in den eigenen Organismus. Es ist der Urtrieb zur Harmonie. Der innere Warner vor dem Schmarotzertum und vor dem Machtmißbrauch, vor Auswüchsen der einen Kräfteart auf Kosten der anderen. Sein Daseinszweck ist, daß das Kind weder ein sinnlicher Genußmensch werde, dem Essen und Trinken und andere Sinnesgenüsse und materielle Güter Hauptsache, Verstand und Gefühl Nebensache sind; noch ein kalter Verstandesmensch, der das Gefühl vernachlässigt; noch ein weichlicher Schwärmer, bei dem das übertriebene Gefühl Körper und Verstand nicht zu ihrem Rechte kommen läßt, sondern ein Mensch, bei dem sich die drei Kräftearten Pulsschlag für Pulsschlag, Stufe für Stufe auf der ganzen Entwicklungslinie in harmonischen Verhältnissen zu einander und zur Umwelt betätigen, gerade so wie bei einem Symphoniekonzert die Akustik in Betracht kommt und die verschiedenen Instrumente Takt für Takt im Einklang miteinander spielen müssen. Jeder Mensch hat ja seine eigene, nur ihm allein mögliche Melodie — das subjektive Ergebnis der Betätigung seiner dreifachen Kräftezusammensetzung: seine Seele. Die eigene Seele rein erhalten, im Konzert der Gemeinschaft die eigene Melodie rein und meisterhaft spielen kann jeder nur, wie das Goethe'sche Wort sagt, „in der Beschränkung". In der Beschränkung auf diejenigen Machtmengen und Machtarten, auf diejenigen Entwicklungsbedingungen, welche seiner besonderen Kräftezusammensetzung angemessen sind. Wo immer ein Übergreifen in den Bereich des anderen, wo immer eine Vergewaltigung stattfindet, entstehen als unabwendbare Folgen im Symphoniekonzert Mißtöne, im Menschenleben Häßlichkeit und Leid. Der Selbstvervollkommnungstrieb ist da, um den Menschen zum Schiller'schen „Künstler", zum Goethe'schen „Meister" seiner Lebensmelodie zu machen. Der Selbstvervollkommnungstrieb ist eines jeden lebenstüchtigen Menschen, was er auch sei, ob schlichter Arbeiter oder verantwortungsreicher Staatsmann, Sehnsucht nach „Verbesserung".

Obwohl nun aber bei allen lebensstarken Menschen die dreifache Kräfte- und Urtrieb-Zusammensetzung, die sie bei der Geburt mit ins Leben bringen, wesensgleich ist, obwohl es richtig ist, was nach den der französischen Revolution zugrunde liegenden Ideengängen in der Verfassung der Ver. Staaten von Nordamerika steht: „All men are born equal", „Geboren werden alle Menschen gleich", so sind doch Menge und Güte der dreifachen Kräfte und der drei Urtriebe, sowie deren wechselseitige

Verhältnisse innerhalb der Zusammensetzung von ebenso vielfacher Verschiedenheit als es Menschen gab, gibt und geben wird. Es bestehen wohl unter den Menschen Ähnlichkeiten, aber es gibt keine zwei Menschen, die einander völlig gleich sind, oder jemals einander völlig gleich werden könnten. Bei jedem Menschen ist die Kräfte- und Urtrieb-Zusammensetzung quantitativ, qualitativ und relativ anders gestaltet als bei allen andern Menschen. Und diese bei jedem Menschen andere Gestaltung der dreifachen Kräfte- und Urtrieb-Zusammensetzung ist die Individualität.

Also nicht Gleichheit allein ist das Gegebene, durch die Geburt Bestimmte und darum Unabänderliche in der Wesensbeschaffenheit der Menschen, sondern beides: Gleichheit und Verschiedenheit.

Mit beiden muß also gerechnet werden beim Auf- und Ausbau jeder Rechtsordnung, jeder sozialen, wirtschaftlichen und politischen Einrichtung, jeder Staatsverfassung und des Völkerbundes.

Da die Individualität keiner zweier Menschen gleich ist, so folgt, daß glatte Gleichheit der Verteilung der Güter, der Machtmengen und Machtarten für alle, selbst wenn sich diese Gleichheit für alle durchführen ließe, ein Unding wäre und notwendig gerade zu demjenigen Ergebnis führen würde, das dem gewünschten entgegengesetzt ist. Um sich zu vervollkommnen und also schön und glücklich zu werden, bedarf jeder Mensch anderer Entwicklungsbedingungen, anderer Zusammensetzungen von Machtarten und Machtmengen als seine Mitmenschen. Nur diejenigen Entwicklungsbedingungen und Zusammensetzungen von Machtmengen und Machtarten, welche des gegebenen Menschen Individualität entsprechen, fördern seine Vollkommenwerdung, seine Schön- und Glücklichwerdung. Entwicklungsbedingungen und Zusammensetzungen von Machtarten und Machtmengen, die anderen Individualitäten angemessen sind, helfen ihm nichts. Und wenn er sie in noch so großen Massen seinen Mitmenschen entzieht und für sich aufstapelt: sie bringen ihm häßliche Auswüchse an Leib, an Geist und Seele. Vollkommenheit, die Schönheit der harmonischen Persönlichkeit, und Glückseligkeit bringen sie ihm nicht. Aus der Fülle lehrreicher

Analogien, die die Musik und jede Kunst, die Chemie, die ganze Natur und das tägliche Leben um uns her bieten, sei beispielsweise nur daran erinnert, was ein Zuviel bei der Ernährung des Körpers, oder ein Zuviel eines einzelnen Instrumentes bei einem Symphonie-Konzert bedeutet. Daß jeder Einzelne die seiner Individualität angemessenen Vervollkommnungsbedingungen und Zusammensetzungen von Machtarten und Machtmengen herausfinde und sich erwerbe — das ist die „Kunst", von der es schon im Altertum hieß: sie ist lang — „vita brevis, ars longa".

Soll jeder Einzelne zum Erwerb der für ihn richtigen Vervollkommnungs-Bedingungen, der für ihn richtigen Zusammensetzungen von Machtarten und Machtmengen befähigt werden, dann muß sich die Menschheit eine Rechtsordnung und eine Erziehung schaffen, die erstens, gemäß der gegebenen und unabänderlichen Gleichheit in der Wesensbeschaffenheit der gesunden Menschen, allen glatte Gleichberechtigung betreffend die Befriedigung des Selbsterhaltungstriebes, des Fortpflanzungstriebes und des Selbstvervollkommnungstriebes sichern, und die zweitens im Rahmen der durch die Gleichberechtigung aller geschaffenen Beschränkung und, gemäß der in der Wesensbeschaffenheit aller gegebenen und unabänderlichen Verschiedenheit, allen die Freiheit zu feinster Entfaltung der Besonderheit gewährleisten. Um eine solche Rechtsordnung und Erziehung zu schaffen, muß in allen Menschen der Urtrieb zur Selbstvervollkommnung Wille zur Vollkommenheit werden.

Der Wille zur Vollkommenheit.

Nur selten ist unter den Zuständen der Vergangenheit und der Gegenwart der Urtrieb zur Selbstvervollkommnung Wille zur Vollkommenheit geworden. Großenteils ist der Wille entartet. Er ist Wille zum Machtmißbrauch geworden. Unter dem Decknamen „Wille zur Macht" hat dieser seit grauen Zeiten die Oberherrschaft auf Erden. Immer aufs neue warf und wirft er solange fortgesetzt von den Schätzen der Gottgegebenen Vollkommenheits-Vorbedingungen vor die unersättliche Drachenbrut des Mammonismus und Imperialismus bis diese den Krieg, „die eingeschlafne Furie", von neuem erweckt hat und vom „Gift- und Bluthauch ihrer Raserei die Welt in Jahrzehnten nicht genesen kann" *).

Wohin der Urtrieb zur Selbstvervollkommnung unbewußt drängt, das ist das Ziel, dem der Wille bewußt zustreben muß. Der Wille zur Vollkommenheit ist also auch durchaus Wille zur Macht, jedoch zu sittlich und rechtlich geordneter, durch Erziehung veredelter, zu harmonisierter Macht. Der Wille zur Vollkommenheit ist Wille zu weitester, tiefster und reinster Lebensbejahung.

Geboren wird der Wille zur Vollkommenheit aus dem Urtrieb zur Selbstvervollkommnung durch die Erkenntnis.

Wie der noch der Erkenntnis bare, reine Tor Parsifal selbst mitten in der Gralsburg verständnislos und verlegen, gequält und hilflos dasteht; wie er durch seine Unkenntnis auf leidvolle Irrwege, an die Abgründe der Verzweiflung an sich selbst, der Menschheit und Gott gerät; wie erst durch Erkenntnis der Wille zur Vollkommenheit aus dem Urtriebe zur Selbstvervollkommnung in ihm geboren wird; nun sein Suchen erst zielbewußt wird; er nun erst, da sich verständige Zielsetzung mit seiner Tapferkeit paart, den siechen Amfortas erlösen und König des heiligen Gral werden kann — so alle Einzelmenschen, so die gesamte Menschheit. Erst durch Erkenntnis wird der entartete menschliche Wille gesunden, von seinem Siechtum erlöst werden; wird die Weltherrschaft vom Willen zum Machtmißbrauch übergehen auf den Willen zur Vollkommenheit; wird jeder Einzelne und wird die Menschheit zum vollen Genuß der im Planeten und im Menschen vorgesehenen, Gott-gegebenen heiligen Güter und Kräfte kommen, wird der Mensch Herr seiner Selbst und Herr der Erde werden, König des Wunders reinen Menschenlebens mit all seinen Klang- und Farben- und Formen-Möglichkeiten, mit all seiner Glückseligkeit, wird jeder Mensch König des heiligen Gral werden.

Die Erkenntnis, auf die es ankommt, und die allen Menschen, ohne Ausnahme ermöglicht werden muß, ist die Erkenntnis erstens, daß die Vorbedingungen zum

---

*) „Furia Addormentata", Gedicht von Richard Schwinger, Herrenalb.

Vollkommenwerden aller sowohl im Planeten als im Menschen vorhanden sind; zweitens, daß diese Vorbedingungen — die menschlichen Urtriebe zur Selbsterhaltung, Fortpflanzung und Selbstvervollkommnung sowie die zu ihrer Befriedigung im Planeten und Menschen vorhandenen Güter und Kräfte — **Urrechte und Urpflichten für alle** auslösen; drittens, daß diese Urrechte und Urpflichten die **ethische und rechtliche Grundlage aller menschlichen Einrichtungen und Betätigung** bilden müssen, wenn für alle Menschen die Möglichkeit geschaffen werden soll, Selbstvervollkommnung, Schönheit und Glückseligkeit zu erlangen.

Jeder gesunde Mensch — ob armer oder reicher Leute Kind, ob schwach- oder reichbegabt — hat ein Recht auf Befriedigung seiner Urtriebe, einfach weil er geboren wurde. Kein Mensch soll im Suchen nach Selbsterhaltung, Fortpflanzung und Selbstvervollkommnung verbittern, verkrüppeln, entarten, zugrunde gehen dürfen, sondern jeder soll — in der Kindheit unter Leitung der Familie und Schule, später durch selbständige Anstrengung — innerhalb der Schranken, die die Urrechte aller ziehen, derjenige vollkommene, schöne und glückliche Mensch werden können, wozu ihn die bei seiner Geburt mitgebrachte Veranlagung befähigt. Wie in „Wilhelm Meister" Philine, „das unnützeste Geschöpf von der Welt, wie es schien, das nützlichste Glied der großen Kette werden wird", so hat jedes Menschenkind ein Recht darauf, „das nützlichste Glied auf seinem Platze in der großen Kette zu werden", indem das, „was die Natur mit ihm gewollt", gesucht, geweckt und dessen Vervollkommnung ermöglicht und gefördert wird. Ein Schiller soll nicht Arzt, sondern Dichter werden. Der rechte Mann soll an den rechten Platz gestellt werden ohne Ansehen des Herkommens. Das Recht auf Selbsterhaltung, das Recht auf Fortpflanzung, das Recht auf Selbstvervollkommnung und das Recht auf den rechten Platz in der menschlichen Gesellschaft, das sind des rechten Mannes, das sind jedes Menschen — denn jeder Mensch ist irgendwo der rechte Mann — Urrechte.

Jedoch jedes Recht bedingt eine Pflicht. Und auch die Urrechte bedingen Urpflichten. Nur dann wird jeder Mensch seine Urrechte genießen, wenn jeder das Seine tut, d. h. wenn jeder Mensch seine Urpflichten erfüllt. Die Urpflichten verlangen: Jeder Mensch soll die eigenen Urrechte, sowie die Urrechte jedes einzelnen Mitmenschen und der dem Schutze der Urrechte aller dienenden Gemeinschaftsgebilde, vornehmlich also auch des Staates, als heilige Güter immer und überall achten und wahren, gegebenenfalls dafür kämpfen, sie nie und nimmer preisgeben. Die jedem Menschen „anvertrauten Zentner" soll er nützen und mehren. Das sind jedes Menschen Urpflichten.

Wie jeder es machen soll, um seine Urpflichten zu erfüllen, sagt uns Christus mit wenigen Worten, indem er (Matth. 22, 37 und 39) fordert: „Du sollst lieben Gott, deinen Herrn, von ganzem Herzen, von ganzer Seele und von ganzem Gemüte; und du sollst deinen Nächsten lieben als dich selbst".

Über alles also soll jeder Mensch Gott lieben. Gott aber kann der Mensch nur lieben, indem er Gottes Willen tut. Und was sonst ist Gottes Wille, als das was sich in der Menschheitsgeschichte als das Unveränderte, das Unveränderliche, das Ewige, erwiesen hat. Und das sind die menschlichen Urtriebe und die Forderung, welche denselben innewohnt: ihre Befriedigung. Sich selbst und allen die Befriedigung der Urtriebe zu ermöglichen, darauf soll mit liebevoller Hingabe das ganze Herz, die ganze Seele, das ganze Gemüt jedes Menschen in allererster Linie gerichtet sein. Nichts, gar nichts darf ihm als wichtiger gelten. Diesem Einen soll alles andere bedingungslos sich anpassen. Nur so liebst du Gott.

Wenn Christus dann fortfährt: „Du sollst deinen Nächsten lieben als dich selbst", so erkennt Christus damit Urtriebe, Urrechte und Urpflichten an als das Gegebene, das Absolute, als Grundlage und Ausgangspunkt unseres Seins und Handelns. Er sagt mit anderen Worten erstens: du sollst dich selbst lieben. Die unfehlbaren Wegweiser, die dir sagen, wie, hast du in dir selbst. Sie sind dein Selbsterhaltungstrieb, dein Fortpflanzungstrieb und dein Selbstvervollkommnungstrieb. Folge diesen. Zweitens: du sollst deine Mitmenschen lieben als dich selbst. Deine Urtriebe sind gleichzeitig die unfehlbaren Wegweiser zu deiner Nächstenliebe: Genau so klug, so tapfer und liebevoll als du dir instinktiv immer und überall die Entwicklungsbedingungen, die Zusammensetzungen der Machtarten und Machtmengen zu erwerben suchst, die du zur eignen Erhaltung, Fortpflanzung und Vervollkommnung brauchst, genau so klug, so tapfer, so liebevoll sollst du die Bedingungen suchen und erlangen helfen, deren deine Mitmenschen bedürfen, um ihrerseits ihre Urtriebe zu befriedigen. Und genau so entschlossen, so klug, so heldenhaft und hingebungsvoll als du, wenn du dir deiner Menschenwürde bewußt bist, wenn du Selbstachtung und Ehrgefühl besitzest, dich wehrest und kämpfest, sobald man dir deine Urrechte vorenthalten oder kürzen oder nehmen will, genau so entschlossen, so klug, so heldenhaft und hingebungsvoll sollst du kämpfen gegen eigene und anderer Neigungen und Versuche, welche deinen Mitmenschen die ihnen zukommenden Entwicklungsbedingungen und Zusammensetzungen von Machtarten und Machtmengen, die ihnen zukommenden Urrechte, vorenthalten, kürzen, nehmen, ihre Menschenwürde, ihre Ehre verletzen möchten. Deine Nächstenliebe soll sein wie deine Selbstliebe und deine Selbstliebe wie deine Nächstenliebe. So und nicht anders sollst du dich in deiner doppelten Eigenschaft als Mensch und als Mitmensch, als Individualität und als Glied der Gemeinschaft betätigen. Hier sind die Schranken zwischen dem Altruismus und dem Egoismus, die du beide üben sollst nebeneinander. In dem Maße, in welchem du dies nicht tust, entartest du, mußt du und was um dich ist, leiden; in dem Maße, in dem du deine Urpflichten erfüllst, vervollkommnest du dich selbst, wirst du und was um dich ist, schön und glücklich.

Was für jeden Einzelmenschen gilt in bezug auf Urrechte und Urpflichten, Würde und Ehre, das gilt auch für jedes, die Urrechte aller schützende Gemeinwesen, gilt also auch für die umfassendsten Gebilde dieser Art, die bestehen, den Staat und die Völkerrechtliche Gemeinschaft der Haager Signatarmächte; gilt für den Völkerbund, zu dem letztere Gemeinschaft ausgebaut werden soll. Denn nur, wenn auch ihre Werke sich vervollkommnen, können die Menschen selbst vollkommen werden. So hat jeder Staat die Urrechte auf Selbsterhaltung und Selbstvervollkommnung und damit die Urpflichten, die eigenen Urrechte und genau so die

Urrechte der Mitstaaten als heilige Güter immer und überall zu achten und zu wahren, gegebenenfalls dafür zu kämpfen, sie nie und nimmer preiszugeben. Die Erfüllung der staatlichen Urpflichten ist der Inbegriff der staatlichen Würde, der staatlichen Ehre.

Der von Christus gewiesene Weg zur Wahrung der Ehre ist weder die Methode des schrankenlosen Individualismus, jener einseitigen Selbstpflege, welche dem Einzelmenschen die Urrechte der anderen Einzelmenschen und die Urrechte der Gemeinschaftsgebilde opfert; noch die Methode des schrankenlosen Sozialismus, jener einseitigen Gemeinschaftspflege, welche wiederum den Gemeinwesen, vor allem dem Staate, die Urrechte des Einzelmenschen, der Individualität, opfert. Beide Systeme sind ja Systeme des Machtmißbrauchs, des Schmarotzertums, der Vergewaltigung, des Despotismus. Systeme, gegen die der Vollkommenheitstrieb des gesunden Menschen sich aufbäumt, die er auf die Dauer nicht erträgt. Darum führt jeder Despotismus, wie die Erfahrung, wie die Geschichte lehrt, letzten Endes zum Untergang des Despoten, sei er Einzelmensch oder Gemeinwesen, Staat oder Staatengemeinschaft. Sondern der Weg, den Christus weist, ist der, der vorgeschrieben wird von dem Urgesetze der Solidarität, dem Urgesetze des wechselseitigen Aufeinander-Angewiesenseins, der wechselseitigen Haftbarkeit aller Einzelmenschen unter einander und der ihrer Vollkommenwerdung zu dienenden Gemeinschaftsgebilde bis hinauf zum Staat und dem zu vereinbarenden Völkerbunde. Es ist der Weg der Wechselwirkungspflege, der Weg des Solidarismus, welcher Urrechte und Urpflichten, Würde und Ehre des Einzelmenschen, des Staates und des Völkerbundes als gleichwertig achtet und fordert, schützt und fördert, weil nur, indem jeder für alle lebt und alle für jeden, jedem das Seine wird; weil die Mittel, die zur Vollkommenwerdung des einen Einzelmenschen oder des einen Staates unerläßlich sind, dem anderen letzten Endes nichts nutzen, weil jeder persönlichen oder staatlichen Individualität keine anderen, als allein die ihr qualitativ, quantitativ und relativ angemessenen Machtmittel und Entwicklungsbedingungen zur Erreichung ihrer Vollkommenheit dienen, da eben jeder Organismus eine von allen anderen unabänderlich verschieden Individualität ist — die des Einzelmenschen bestimmt durch seine Geburt, die des Staatengebildes durch sein Klima, seine Bodenbeschaffenheit und durch seine Geschichte.

Indem der Solidarismus Christi die Sicherung der Urrechte aller durch Erfüllung der Urpflichten seitens aller fordert und übt als ethische und rechtliche Grundlage alles menschlichen Seins und Handelns, bietet er gleichzeitig den Wertmesser aller Werte dar und gibt die Richtlinien für den Aufbau der noch zu schaffenden, dem Ideale der Vollkommenheit dienenden Rechtsordnung und Erziehung.

Gut ist alles, was dazu angetan ist, die Erfüllung der Urpflichten seitens aller herbeizuführen, und dadurch allen den Genuß der Urrechte zu sichern, jedem Einzelmenschen zu ermöglichen, der wirtschaftliche, sittliche, politische und religiöse Vollwert, die vollendete harmonische Persönlichkeit zu werden, zu der seine bei der Geburt mitgebrachte körperliche, verstandesmäßige und gefühlsmäßige Ausstattung ihn befähigt, mit anderen Worten: gut ist alles, was Würde und Ehre aller achtet, was, wie Goethe lehrt, Ehrfurcht zollt allem, was über, was neben und was unter uns ist. Ist es gut, so muß es auch unter allen Umständen geschaffen und geübt, rechtlich geschützt und gefördert werden.

Böse ist alles, was die Erfüllung der Urpflichten und dadurch den Genuß der Urrechte seitens aller verhindert, was zur Verkrüppelung und Entartung der Persönlichkeit führt, was Würde und Ehre verletzt. Und weil böse, muß es rechtlich abgeschafft, verboten, gegebenenfalls rückhaltlos bekämpft und bestraft werden.

Der Solidarismus Christi ist das einzige System, unter welchem der Wille zur Vollkommenheit sich in allen entfalten kann. Die Liebe zu Gott, sich selbst und den Nächsten, die in diesem System inbegriffen ist, ist die Atmosphäre, deren der Wille zur Vollkommenheit, nachdem er aus dem Urtrieb zur Selbstvervollkommnung durch die Erkenntnis geboren, bedarf, um in Tatkraft und Begeisterung zu entflammen, um schaffendes Heldentum zu werden.

Der Solidarismus Christi nimmt den Begriffen „Recht", „Gerechtigkeit", „Gleichheit" und „Freiheit" die bestehende Verworrenheit und Dehnbarkeit, und er bestimmt und umgrenzt die Verantwortung.

4. Die Verantwortung

a) des Einzelmenschen.

Die Verantwortung für die Verwirklichung des Ideals der Vollkommenheit auf Erden ruht heute auf drei Hauptträgern. Sie sind: der Einzelmensch, der Staat und die Völkerrechtliche Gemeinschaft der Haager Signatarmächte, die zu einem Völkerbund ausgebaut werden soll.

Verantwortlich für den Grad deiner und der Mitwelt Vervollkommnung oder Entartung, und somit des Glückes oder Leides, bist zum Teil du, Einzelmensch selber, wer du auch seist. Du mehrst Vervollkommnung und Glück, wo immer du gegenüber dir selbst, gegenüber deinen einzelnen Mitmenschen und gegenüber den Gemeinschaftsgebilden deine Urpflichten erfüllst, du verminderst Vervollkommnung und Glück und rufst Entartung und Leid hervor, wo immer du deine Urpflichten nicht erfüllst.

Die Grenze deiner Verantwortung wird durch deine Individualität und die dich umgebenden Zustände bestimmt. Für mehr Kenntnis und Erwerb der zu deiner eigenen und der Umwelt Vervollkommnung erforderlichen Mittel als die, welche erstens deine körperliche, verstandesmäßige und gefühlsmäßige Ausstattung bei der Geburt und zweitens der Staat, bezw. die bestehende Rechtsordnung und deine Erziehung dir ermöglichen, und dir durch die, von Christus und dem Urgesetze der Solidarität aller geforderte, von dir in Wahrheit und Treue geübte Selbst- und Nächstenliebe aufgeht, bist du nicht verantwortlich. Mehr verlangt dein Schöpfer nicht von dir. Mehr darf die Gesellschaft, mehr darf der Staat, mehr darfst du selbst nicht von dir verlangen.

Freilich leiden wirst du nicht nur in dem Maße, in welchem du aus Mangel an persönlicher Wahrhaftigkeit und Treue deine Urpflichten nicht erfüllst, sondern außerdem auch in dem Maße, in welchem Mängel der bestehenden Rechtsordnung und Erziehung, Mängel der staatlichen und zwischenstaatlichen Organisation dir den Genuß deiner Urrechte versperren.

Darum gehört zu deinen eigensten und wichtigsten Interessen die innere und äußere Politik. Je weniger unwisssend du auf diesen beiden Gebieten bist, je wachsamer du dort die Vorgänge verfolgst und sie verständig und zielbewußt so formen hilfst, daß ihre Entwicklung beständig in der Richtung fortschreitet, die lückenlos allen den Genuß ihrer Urrechte durch die Erfüllung ihrer Urpflichten ermöglicht, desto wertvoller wird dein Dienst deinem Vaterhause, deiner Vaterstadt, deinem Vaterlande, allen Vaterländern und dir selber werden; desto mehr wirst du dich und werden deine Nachkommen sich zu harmonischen Persönlichkeiten zu entfalten vermögen; desto mehr Leid wirst du aus der Welt schaffen, desto größer wird deine und deiner Nachkommen Glücksmöglichkeit werden.

b) des Staates.

Dem Staate liegt es ob, eine Rechts- und Erziehungsordnung zu schaffen, die in Einklang steht mit den Grundsätzen des Solidarismus Christi, oder wenn man will, des Urgesetzes der Solidarität, um jedem Staatsangehörigen die zur Geburt des Willens zur Vollkommenheit notwendige Erkenntnis zu ermöglichen, und um die Atmosphäre der von Christus gewollten Liebe zu erzeugen, in der der Wille zur Vollkommenheit sich zur Tatkraft, zur Begeisterung entfaltet, in der jeder Mensch zum zielbewußt und heldenhaft für die Verwirklichung des Vollkommenheitsideales auf Erden kämpfenden Edelritter wird. Der Staat, in welchem der Solidarismus Christi am ehesten den Ausgleich zwischen den Übergriffen eines uferlosen Individualismus und den Übergriffen eines uferlosen Sozialismus schafft, wird am ehesten zu seiner vollen Machtentfaltung gelangen und seine weltgeschichtliche Sendung am ehesten voll erfüllen.

Die Grenze der Verantwortung des Staates (immer vorausgesetzt, daß er ein Gemeinschaftsgebilde ist, das dem Schutze der Urrechte aller dienen will) wird durch seine Urpflicht der Selbsterhaltung gezogen. Die wirtschaftspolitischen und erzieherischen Linien, jenseits welcher unter der jeweilig gegebenen weltpolitischen Konstellation der Bestand des Staates gefährdet wäre, darf die Entwicklung der zu schaffenden, allen Staatsangehörigen den Genuß ihrer Urrechte ermöglichenden Rechts- und Erziehungsordnung nicht überschreiten. Der Staat darf, sofern er seinen Daseinszweck als Schutzeinrichtung der Urrechte aller erfüllen will, sein Urrecht und seine Urpflicht der Selbsterhaltung, seine Ehre, nicht preisgeben.

c) des Völkerbundes.

Die conditio sine qua non für die unbehinderte Einrichtung und Entwicklung der allen den Genuß der Urrechte ermöglichenden Rechts- und Erziehungs-Ordnung in jedem Staate ist die: die Völkerrechtliche Gemeinschaft der Haager Signatarmächte muß, nachdem sie sich durch Aufnahme der noch nicht angeschlossenen unabhängigen Staaten zur Völkerrechtlichen Gemeinschaft eines Völkerbundes sämtlicher Staaten ergänzt hat, den biologischen und weltpolitischen Unterbau schaffen und gewährleisten.

Freie Bahn zu schaffen allen Staaten für die freie Entwicklung der Rechts- und Erziehungs-Ordnung, die die Verwirklichung des Vollkommenheitsideals auf Erden herbeiführen wird, das ist die Aufgabe des Völkerbundes. Restlose Lösung allein ist die Grenze seiner Verantwortung.

Vielleicht wird eingewendet: Wieso steht und fällt die Möglichkeit, jene zur Verwirklichung des Ideals der Vollkommenheit notwendige Rechts- und Erziehungs-Ordnung zu schaffen mit der Einrichtung des Völkerbundes? Ist nicht Erziehung die verantwortliche Instanz? da sie doch das gegebene Instrument ist zur Vermittlung, Verbreitung und Entwicklung der Erkenntnis, die den Willen zur Vollkommenheit gebiert? Und ist die Handhabung des Erziehungswesens nicht Sache jedes Staates für sich? Kann nicht jeder Staat, der will, seine Erziehungspolitik so einrichten, daß jene Erkenntnis allen seinen Staatsangehörigen zugänglich wird?

Wohl ist es richtig: Übermittlerin und Entfalterin der Erkenntnis ist die Erziehung. Und seine Erziehungspolitik zu bestimmen, ist Sache jedes Staates für sich.

Dennoch wird der Näherprüfende sofort eine Fülle von Vorbedingungen wirtschaftlicher Art und in bezug auf das Erziehungs-Material und das Lehr- und Erziehungs-Ziel auftauchen sehen, die erfüllt werden müssen, wenn Erziehung das ihrige zur Lösung der Aufgabe beizutragen imstande sein soll. Ein „Wenn" um das andere erhebt sich: Wenn — in jedem Staate die natürliche **Gleichzahl der männlichen und weiblichen Bevölkerung** wieder hergestellt und gesichert wäre, so daß für jede gesunde Frau die mathematische Möglichkeit eigener Familiengründung bestünde! Wenn — für jeden gesunden Mann und jede gesunde Frau die weitere Möglichkeit gegeben wäre, allein aus dem Drange der Seelenverwandtschaft heraus die Gattenwahl zu treffen, so daß bei allen Eheschließungen auch die psychologischen Voraussetzungen zur Geburt **veredlungsfähigen Erziehungsmaterials** vorhanden wären! Wenn — **alle wirtschaftliche Freiheit** genössen! Eine Wirtschaftsordnung allen gesunden und arbeitswilligen, heiratsfähigen Menschen jene Erwerbsmöglichkeit verbürgte, die die materielle Vorbedingung ist zur eigenen Familiengründung, zur Gründung eines eigenen Daheims, das auch den Namen „Daheim" verdient! Wenn — folglich jedes Kind, das geboren wird, Eltern hätte, deren tägliche Erwerbstätigkeit ihnen Kraft und Zeit und die wirtschaftlichen Mittel freiläßt zur sorgfältigen Leitung einer harmonischen Entfaltung der dreifachen Kräfte- und Urtriebe-Zusammensetzung des Kindes! Wenn — zwecks ineinandergreifenden erzieherischen Zusammenwirkens von Haus und Schule jedes Kind vom 6.—16. Lebensjahr eine Schule besuchte, in welcher **keine Klasse die Höchstzahl von 15 Kindern auf eine Lehrkraft übersteigt**! Wenn — in allen Schulen aller Länder das vorgeschriebene **oberste Lehr- und Erziehungsziel** wäre: Tüchtigkeit in der Anpassung an das Urgesetz der Solidarität aller, anstatt Kriegstüchtigkeit!

Kriegstüchtigkeit aber wird, nolens volens, oberstes Lehr- und Erziehungsziel der Schulen jedes gesunden, sich seiner Verantwortung und Würde bewußten Staatengebildes bleiben, solange noch auf Erden bestehen Kriegsmöglichkeit und Krieg.

Ebensowenig wird es, solange Kriegsgefahr und Krieg nicht abgeschafft sind, gelingen, daß die finanziellen Mittel zur Besoldung einer verdoppelten, bezw. verdrei- und vervierfachten Zahl von Lehrkräften für alle Kinder bis zum 16. Lebensjahr bewilligt werden.

Solange es Kriege gibt, bleibt für ebensoviele Jungfrauen der gegebenen Generation als unverheiratete Männer im Kriege fallen, die eigene Familiengründung mit mathematischer Notwendigkeit ausgeschlossen; wird weiter eine der Zahl der gefallenen Ehemänner entsprechende Zahl von Familiengründungen vorzeitig aufgelöst. Es bleibt ein, der Zahl der Gefallenen entsprechender weiblicher Überschuß. Es bleibt im Staate die numerische Ungleichheit zwischen der männlichen und weiblichen Bevölkerung mit ihren verhängnisvollen Folgen. Durch die Zahlenverschiebung der männlichen und weiblichen Bevölkerung und durch die, sowohl während der Kriegsvorbereitung als während des aktiven Krieges, vor sich gehende unermeßliche, glatte Vernichtung wirtschaftlicher Werte und die durch diese Wertevernichtung zum großen Teil mit veranlaßte wirtschaftliche Unfreiheit der meisten wird verhältnismäßig selten der Fall eintreten, wo die Gattenwahl allein von einer, die Gatten wechselseitig ergänzenden und bereichernden, vollen Seelenverwandtschaft diktiert wird; wo die Voraussetzungen für die Geburt veredlungsfähigen Erziehungsmaterials und für eine, der Individualität jedes Kindes entsprechende erzieherische Leitung seitens der Eltern vorhanden sind, wo ein harmonisches Familienleben verbürgt ist.

In Deutschland, das seit 1871 keinen Krieg mehr geführt hatte, von den China- und Afrika-Expeditionen abgesehen, war bei Ausbruch des Weltkrieges die Wiederherstellung des natürlichen Zahlenverhältnisses zwischen der männlichen und weiblichen Bevölkerung weit fortgeschritten. Nach Feststellungen im 27. Jahrgang des „Statistischen Jahrbuches" kamen in Deutschland im Jahre 1885 noch 1040 weibliche auf 1000 männliche Personen, oder ein weiblicher Gesamtüberschuß von 1 195 160 Personen. Fünfzehn Jahre später, im Jahre 1900, kamen nur noch 1033 weibliche auf 1000 männliche Personen, oder ein weiblicher Gesamtüberschuß von 892 648 Personen. Die Zerlegung dieser letzteren weiblichen Überzahl in vier Altersgruppen ergab, daß von den 892 648 überschüssigen Frauen der weitaus größere Teil, nämlich rund 700 000, älter waren als 50 Jahre, somit im heiratsfähigen Alter gewesen zur Zeit der Kriege in den 60er Jahren und 1870—71. In der Altersklasse vom 20.—50. Lebensjahre kamen auf 1000 Männer 1023 Frauen; von den im 21.—30. Lebensjahr Stehenden kamen auf 1000 Männer nur noch 1010 Frauen, und in der jüngsten Altersgruppe vom 1.—20. Lebensjahr bestand ein männlicher Überschuß von rund 60 000 Personen bei einer Gesamtbevölkerung von 56,4 Millionen. Der geringe männliche Überschuß, der natürlich ist, wird dadurch, daß die Sterblichkeit bei kleinen Knaben bekanntlich größer ist als bei kleinen Mädchen, wieder ausgeglichen.

Als der Weltkrieg ausbrach, war also in Deutschland die natürliche Gleichzahl zwischen der männlichen und weiblichen Bevölkerung in den Altersstufen, die für die Fortpflanzung in Betracht kommen, nicht mehr weit davon entfernt, wieder hergestellt zu sein.

Welche tiefklaffenden zahlenmäßigen Abstände zwischen der männlichen und weiblichen Bevölkerung werden sich aber nach dem Weltkriege in allen an demselben aktiv beteiligt gewesenen Staaten zeigen!

Und was diese Zerstörung der Gleichzahl des männlichen und weiblichen Geschlechts und diese Vernichtung der wirtschaftlichen Werte, die die wirtschaftliche Freiheit aller hätten schaffen sollen, — mit andern Worten: was diese Zerstörung der biologischen und der wirtschaftlichen Grundlage der Vollkommenheits-Kultur für den Staat bedeutet, geht aus dem oben Gesagten hervor. Die Familie, so heißt es — und so ist es — ist die Grundstütze des Staates. Jedoch wahrhaftig nicht die Familie schlechthin, sondern nur die harmonische Familie. (Welchem Stande sie angehört, ist gleichgültig.) Der nächstwichtige Pfeiler des Staates ist die Schule für Knaben und Mädchen vom 6. bis zum 16. Lebensjahr. Denn diese Jahre sind von der allergrößten Bedeutung für das Gemüt und die

Gewöhnung, für die körperliche und geistige Gesundheit. Folglich: je größer die Zahl der Daheimlosen, der ledigen Heiratsfähigen und der unharmonischen Ehen; je lückenhafter, notgedrungen durch überfüllte Schulklassen, das Eingehen seitens der Lehrer auf die Individualität jedes Kindes ist; je stärker das kriegerische Lehr- und Erziehungsziel in den Vordergrund tritt, desto ausgedehnter und tiefgreifender sind die entartenden und zersetzenden Vorgänge, die auf die körperliche, geistige, sittliche und religiöse Kraft und die Veredlungsfähigkeit eines Volkes wirken, desto mehr Summen muß der Staat für Armen-, Kranken- und Irrenhäuser, für Gefängnisse und Zuchthäuser usw. aufbringen, desto mehr Kapital wird dem Aufbau der Vollkommenheitskultur entzogen (im Jahre 1909—10 z. B. verausgabte Berlin rund 32,5 Mill. Mk. für Armenpflege); desto schärfer werden die sozialen Gegensätze; desto geringer die Zahl derer, die vom Willen zur Vollkommenheit beseelt werden, desto zahlreicher die vom Willen zum Machtmißbrauch Besessenen; desto unheilvoller die Einflüsse, die die Macht des Staatsganzen als des Verwaltungsorganes der gemeinsamen Interessen eines Volkes, als seines Willensvollstreckers nach außen, untergraben. Dagegen je mehr harmonische Familien in einem Staate sind; je mehr die Zahl der Lehrkräfte (selbstverständlich gewissenhafter und befähigter) vergrößert wird, um die überfüllten Schulklassen der Kinder bis zum 16. Lebensjahr zu entlasten; je mehr als vorgeschriebenes oberstes Lehr- und Erziehungsziel die Kriegstüchtigkeit der Solidaritätstüchtigkeit weicht, desto mehr werden Familie und Schule zu **Vorbeugungs-Einrichtungen gegen soziale Übel**, zu wahrhaften Stützen des Staates, desto kapitalkräftiger wird er, desto machtvoller und edler sein Einfluß nach außen, desto fester steht der Staat.

Obiger Hinweis auf die Zustände, die sind, und die so wie sie sind, der Erziehung an allen Seiten unüberwindbare Hemmnisse in den Weg stellen, dürfte überzeugen, daß es nicht zum Ziele führen wird, wenn man den Hebel bei der Erziehung ansetzt, aber nicht gleichzeitig die Selbsterhaltung jedes Staates unbedingt sichert. Denn Erziehung ist gebunden in der Selbsterhaltung des Staates. Die Erziehung kann erst dann frei werden, die herrlichen pädagogischen Schätze, die uns die Großen hinterließen, voll zu nützen, wenn der Staat frei ist. Frei von Kriegsgefahr und frei von der Bedrohung jeder anderen Vergewaltigung von außen. Diese Freiheit jedem Staate zu schaffen und zu gewährleisten, ist die Aufgabe, für deren Durchführung der zu vereinbarende Völkerbund verantwortlich ist. Er muß die Völker von dem „Quell aller Übel und Sittenverderbnis", wie Immanuel Kant den Krieg nennt, befreien, ganz und für immer, durch gemeinsam geschaffene, international gültige Rechtssätze und Bürgschaften. Solange dies nicht geschieht, sind alle auf die Verwirklichung des Vollkommenheitsideales gerichteten erzieherischen Versuche und alle Werke sozialer Fürsorge, alle sozialen Reformen, die der Staat einrichten mag, Palliativmittel. Sind wie so viele Hände, die sich abwehrend emporstrecken, um zu verhindern, daß die Wasser talwärts fließen.

Wie die Befreiung aller Staaten von der Kriegs- und jeder anderen Vergewaltigungsgefahr von außen gedacht ist, ist dargelegt in dem, im nächsten Kapitel unterbreiteten „Entwurf zu einem Allgemeinen Staatenschutzvertrag zur Sicherung des bleibenden Weltfriedens" und in dessen Begründung. Dieser „Entwurf" enthält die weltpolitische Forderung, welche vom Gesichtspunkte der oben dargelegten Auffassung vom Sinn des Lebens aus gestellt werden muß.

ZWEITES KAPITEL.

Entwurf zu einem allgemeinen Staatenschutzvertrag zur Sicherung des bleibenden Weltfriedens nebst Begründung.

Entwurf:

Grundgedanke:

1. Vertragschließende sind sämtliche selbständigen Staaten der Erde.

2. Die Gebietsbestände sämtlicher vertragschließenden Staaten bilden gegen den Krieg und zwischenstaatliche Vergewaltigung jeder Art ein einziges Schutzgebiet.

3. Die hohen Vertragschließenden erkennen als die, die Ehre des Staates umfassenden Rechte und Pflichten an und wahren, bezw. erfüllen: das Recht und die Pflicht a) der Selbsterhaltung, b) der Selbstvervollkommnung jedes Staatengebildes und seiner Bevölkerung.

Hauptvertrag:

Erster Titel.

Schutz des Gebietsbestandes, des innerpolitischen Selbstbestimmungsrechtes und der in Gebietsbestand und innerpolitischem Selbstbestimmungsrecht gebundenen Ehre des Staates.

Artikel I.

Sämtliche vertragschließenden Staaten verpflichten sich wechselseitig:

a) Gebietsbestand und Selbstbestimmungsrecht innerhalb des Gebietsbestandes als die Selbsterhaltungsgüter, und deren Wahrung als die Selbsterhaltungsehre des Staates zu achten und dieselben unter keinen Umständen zu verletzen; dementsprechend

b) sich jeder Einmischung sowohl in innerpolitische Angelegenheiten eines hohen Vertrags-Mitgliedes, als auch in friedliche zwischenstaatliche Verhandlungen, die sich auf territorialen Besitzstand und innerpolitisches Selbstbestimmungsrecht außerhalb des eigenen Hoheitsgebietes beziehen, zu enthalten;

c) zwischenstaatliche Veränderungen der Gebietsbestände und des innerpolitischen Selbstbestimmungsrechtes unter keinen Umständen durch Krieg, Boykott, oder andere Vergewaltigungsmittel, sondern durch Verständigung, friedlichen Äquivalenten-Austausch, oder ein anderes friedliches Verfahren unter freiwilliger Zustimmung jeder am gegebenen Fall beteiligten hohen Vertragsmacht und deren Bevölkerung herbeizuführen;

d) in etwaigen Fällen aber, wo keine, die hohen Beteiligten befriedigende Vereinbarung erreicht wird, auf die in Erwägung gezogene Veränderung des Statusquo bedingungslos zu verzichten, bis künftige Verhältnisse eine Wiederaufnahme darauf bezüglicher Verhandlungen aussichtsvoller erscheinen lassen.

Zweiter Titel.

Beilegungsverfahren für zwischenstaatliche Streitigkeiten, die aus staatlichen Entwicklungs- bezw. Selbstvervollkommnungs-Interessen zwischenstaatlicher Wesensart und den mit diesen Interessen zusammenhängenden Ehrenfragen entstehen.

Artikel II.

Sämtliche vertragschließenden Staaten verpflichten sich wechselseitig:

alle zwischenstaatlichen Streitigkeiten, die aus staatlichen Entwicklungs- bezw. Selbstvervollkommnungs-Interessen zwischenstaatlicher Wesensart und den mit diesen Interessen zusammenhängenden Ehrenfragen hervorgehen, und im Unterhandlungswege von Staat zu Staat nicht beigelegt werden, unter keinen Umständen durch Krieg, Boykott, oder andere Vergewaltigungsmittel zu entscheiden, sondern einem zwischenstaatlichen Schiedsgerichte, gegebenenfalls mehreren zwischenstaatlichen Schiedsgerichts-Instanzen, die zur Wahrung des auf die staatlichen Gebietsbestände und das innerpolitische Selbstbestimmungsrecht sich erstreckenden Statusquo verpflichtet sind — sofern ihnen nicht von den streitenden Teilen ausdrücklich für den gegebenen Fall die Befugnis zur Herbeiführung einer Veränderung ihres Gebietsbestandes und, bezw. oder, ihres innerpolitischen Selbstbestimmungsrechtes zuerkannt wird — zu bindender Schlichtung zu überweisen.

Dritter Titel.

Die Vollzugsgewalt und ihr Zwangsmittel zur Wahrung der Vertragstreue.

Artikel III.

Sämtliche vertragschließende Staaten verpflichten sich wechselseitig:

das Amt der Vollzugs-Gewalt gemeinschaftlich auszuüben und denjenigen Staat, oder diejenige Staatengruppe, der, bezw. die, nach der Ratifikation dieses allgemeinen Staatenschutzvertrages zur Sicherung des bleibenden Weltfriedens einen oder mehrere Artikel des Hauptvertrages verletzt, durch Abbruch der diplomatischen Beziehungen, durch Aussperrung aus dem Weltpost- und dem allgemeinen Telegraphen-Verein, durch Sperrzölle und Ein- und Ausfuhr-Verbote, die dem Vertragsbrüchigen jegliche Ein- und Ausfuhr abschneiden, durch Entziehung des Kredits, kurz, durch einen seitens sämtlicher übrigen hohen Vertragsmächte gemeinsam verhängten allgemeinen Boykott und, im äußersten Notfalle, durch vereinte Waffengewalt zur Vertragstreue zu zwingen.

Nebenabkommen.

Unabhängig vom Hauptvertrage verpflichten sich sämtliche vertragschließende Staaten wechselseitig, nachstehende 2 internationalen und 5 nationalen Maßnahmen in tunlichst naher Zukunft durchzuführen:

I. internationale Maßnahme: Regelung der gesamten Weltwirtschaft nach dem Grundsatz der „offenen Tür".

II. internationale Maßnahme: Ausbau des internationalen Schiedsgerichtswesens, insbesondere Erweiterung des ständigen Haager Schiedshofes durch Angliederung von Berufungs- und Revisions-Instanzen.

I. nationale Maßnahme: Gleichberechtigung aller Nationalitäten.

II. nationale Maßnahme: Parlamentarisierung der auswärtigen Politik.

III. nationale Maßnahme: Schaffung und Anwendung strengster Strafgesetze gegen jede durch die Presse oder andere Mittel betriebene internationale Verhetzung und Verleumdung der Staaten.

IV. nationale Maßnahme: Verstaatlichung der Rüstungsindustrie.

V. nationale Maßnahme: Zunächst allgemeiner Rüstungsstillstand. Sodann fortschreitende Rüstungsverminderung in jedem Vertragsstaate nach Maßgabe seiner besonderen Verhältnisse, sobald durch künftige weltpolitische Geschehnisse der von allen Vertragsstaaten ratifizierte allgemeine Staatenschutzvertrag zur Sicherung des bleibenden Weltfriedens wird Proben bestanden haben, die die fortschreitende Abrüstung der Staaten rechtfertigen.

Begründung.

Kein Weltbundesstaat, sondern Schutzgebiet gegen internationale Vergewaltigung.

Ziel des Entwurfes zu einem allgemeinen Staatenschutzvertrag zur Sicherung des bleibenden Weltfriedens ist, wie ersichtlich, kein Kosmopolitismus, der die Eigenart der Völkerstämme und Staatengebilde abschwächt, verwischt und verwirrt, kein Weltbundesstaat, der sämtliche Staatengebilde der Erde zu einem einheitlichen politischen Gemeinwesen verschmilzt, sondern:

Ähnlich wie das Gebiet, auf das sich der Weltpostverein erstreckt, ohne politischen Einfluß auf seine Mitglieder ein einziges Postgebiet bildet und auf diese Weise jedem Mitgliede unendlich viel größere Vorteile im Verkehrswesen schafft, als der einzelne Vertragschließende durch gesondertes Vorgehen jemals auch nur annähernd zu erlangen vermöchte, so werden durch den allgemeinen Staatenschutzvertrag die Gebietsbestände der hohen vertragschließenden Staaten **ein einziges Schutzgebiet** bilden. Nicht, um dadurch die hohen Vertragsstaaten in ein einheitlich verwaltetes politisches Ganze zu verwandeln, sondern im Gegenteil, um jedem einzelnen Staate gerade eine, in der Vergangenheit ungekannte Blüte und Vervollkommnung seiner besonderen Individualität, und allen gemeinsam ein immer harmonischer sich gestaltendes Nebeneinander ausgeprägtester völkischer und staatlicher Eigenarten zu ermöglichen, indem denjenigen Gefahren, die sämtlichen Vertragsstaaten drohen, gemeinsam vorgebeugt wird, und die sämtlichen Mitgliedern gemeinsamen Interessen — und nur diese — gemeinsam geregelt werden zum größtmöglichen Gewinn jedes hohen Vertragsmitgliedes.

Zu Artikel I des Hauptvertrages.

Allgemeine freiwillige Beschränkung der völkerrechtlichen Souveränität.

Um die gemeinsamen Interessen aller hohen Vertragschließenden gemeinsam und zum größtmöglichen Vorteil aller regeln zu können, ist unbedingte Voraussetzung, daß jede Befugnis zu internationalem Machtmißbrauch, zu internationaler Vergewaltigung, **von vornherein** seitens der hohen Vertragsmitglieder **freiwillig** ausgeschaltet wird. Dementsprechend wird im Hauptvertrag gefordert, **daß alle hohen Vertragschließenden sich freiwillig ein und dieselbe Beschränkung ihrer völkerrechtlichen Souveränität auferlegen.** Nach Artikel I soll jeder Staat freiwillig auf Intervention, auf internationale Einmischung irgend welcher Art, sowie auf das Recht auf internationale Kriegführung zu Eroberungs- und anderen Vergewaltigungszwecken, und auf Anwendung irgend eines anderen Vergewaltigungsmittels verzichten.

Die Beschränkung der völkerrechtlichen Souveränität bedeutet für den Staat weder einen Verlust an Freiheit noch an

Macht. Denn indem sämtliche hohen Vertragsstaaten sich von vornherein die gleiche Selbstbeschränkung auferlegen, beugen sie gleichzeitig aller Willkür, allen Einmischungen, Überfällen und anderer Vergewaltigung von außen wechselseitig vor, und es erübrigen sich die aufgegebenen Hoheitsrechte von selbst. Und mehr als das. Der Staat gewinnt, was er nie besessen: seine volle Freiheit. Denn die Fesseln, die ihm die Notwendigkeit der Kriegsbereitschaft angelegt hat, die ihn zu endloser Unfruchtbarmachung und Zerstörung der zur wirtschaftlichen Freiheit aller unerläßlichen Werte, zu einer Politik des Mißtrauens und der Spionage, und zur Einstellung seines Lehr- und Erziehungsziels auf Kriegstüchtigkeit zwingen — sie fallen. Der Staat wird frei, wirtschaftlich, politisch und sittlich, und kann sich unbehindert eine Rechts- und Erziehungsordnung schaffen, die seinen Staatsangehörigen allen den Genuß ihrer Urrechte ermöglicht und der einzige Weg ist zu des Staates voller Machtentfaltung.

Was sind „nationale Lebensinteressen", und was ist „nationale Ehre"?

Ist eine allgemeine freiwillige Beschränkung der völkerrechtlichen Souveränität das erste, was geschehen muß, wenn jedem der zu dem gemeinsamen Schutzgebiete gehörigen Staaten der größtmögliche Gewinn bei der gemeinsamen Regelung der gemeinsamen Interessen gesichert werden soll, so ist das nächste Erfordernis eine klare Feststellung dessen, was unter „nationalen Lebensinteressen" und unter „nationaler Ehre" zu verstehen ist. Diese Begriffe dürfen nicht mehr von denen, die jeweilig die Staatsgewalt in Händen haben, nach jeweiliger Zweckmäßigkeit ausgelegt werden. Denn die „nationalen Lebensinteressen" und die „nationale Ehre" sind die politischen Kernpunkte. Um ihretwillen fand das fieberhafte, gigantische Wettrüsten statt und rast der Weltkrieg. Und erst wenn klar liegt, um was es sich handelt, erst wenn den Begriffen „nationale Lebensinteressen" und „nationale Ehre" ein unzweideutiger, bestimmter, scharf umgrenzter Inhalt gegeben worden ist, wird die Möglichkeit eines zuverlässigen Schutzes dieser Interessen und Ehre vorhanden sein.

Was sind also „nationale Lebensinteressen" und was ist „nationale Ehre"? Wie das Wort besagt, bedeuten „Lebens"interessen Interessen, die zur Erhaltung des Lebens unentbehrlich sind. „Nationale" Lebensinteressen sind also Interessen, die das Schicksal der Nation, des Staates als solchen — nicht das Schicksal einer Interessentengruppe des Staates — bestimmen. Es sind Interessen, deren Gefährdung den Bestand des Staates — als solchen — gefährdet, deren Wahrung die Unversehrtheit des Staates aufrecht erhält.

Als Interessen, von denen Fortbestand oder Zerfall des Staates abhängt, werden im I. Artikel des Hauptvertrages bezeichnet: **Gebietsbestand und Selbstbestimmungsrecht innerhalb des Gebietsbestandes.** Gestützt ist diese Wertung auf .die geschichtliche Erfahrung, welche lehrt, daß jede Vergewaltigung des Territorialbestandes eines Staatswesens und jede Einmischung von außen in dessen innerpolitische Angelegenheiten den Fortbestand des souveränen Staates als solchen gefährdet, den Keim in sich birgt, der seinen früheren oder späteren Untergang herbeizuführen vermag.

Beispielsweise denke man an das Schicksal des Königreichs Polen und des Kaiserreichs Korea. Japan hatte von der staatsrechtlichen Souveränität Koreas Stück um Stück — nach Napoleons beliebtem System: „l'un après l'autre" — vergewaltigt. Als 1907 die Zweite Haager Friedenskonferenz einberufen war, hatte, gleich den andern Staaten, die an der Ersten Haager Friedenskonferenz nicht teilgenommen, die Kaiserlich Koreanische Regierung ihre Bevollmächtigten vor der Eröffnung nach dem Haag entsendet, damit das Kaiserreich Korea mit in die Vökerrechtliche Gemeinschaft der Staaten aufgenommen werde und sich an den Beratungen und Beschließungen der Konferenz beteiligen könne. Aber Korea wurde die Aufnahme verweigert. Alle Vorstellungen seiner Bevollmächtigten halfen nichts. Das Kaiserreich Korea, weil in seiner völkerrechtlichen Souveränität vergewaltigt, durfte auf dem Forum der Völkerrechtlichen Gemeinschaft der Staaten seine Ansprüche nicht geltend machen, es erhielt im gemeinsamen Rat der Staaten keine Stimme, es wurde nicht als selbständiger Staat anerkannt. Der Bescheid, den die koreanischen Bevollmächtigten, die diese Schmach überlebten — einer der Delegierten verweigerte jegliche Nahrung und starb infolgedessen im Haag —, ihrem Kaiser und ihrem Volke zurückbringen mußten, lautete: Wir sind ein entrechtetes Volk; in den Augen derer, von denen wir Hilfe erhofften, Sklaven.

Der Gebietsbestand des Königreichs Polen war Stück um Stück — l'un après l'autre — abgebröckelt und schließlich ganz aufgeteilt worden, und übriggeblieben war ein zerrissenes, zuckendes, vaterlandsloses Volkstum.

Die angeführten Beispiele beweisen, daß Sein oder Nichtsein des selbständigen Staates durch das Schicksal seines Gebietsbestandes und seiner staatsrechtlichen Souveränität bestimmt wird, und daß darum beide im reinen Sinne des Wortes „die nationalen Lebensinteressen", im reinen Sinne des Wortes die Selbsterhaltungsgüter des Staates sind.

Wie zum Schutze des Organismus des lebensstarken Einzelmenschen der Selbsterhaltungtrieb da ist, so ist er auch da im Organismus jedes gesunden Staates. Und wie beim Einzelmenschen so beim Einzelstaate löst der Selbsterhaltungtrieb Urrecht und Urpflicht der Selbsterhaltung aus. Diese bestehen beim Staate in der Wahrung der eignen Selbsterhaltungsgüter und in der Achtung vor der Unversehrtheit der Selbsterhaltungsgüter der Mitstaaten. Mit andern Worten: Die Wahrung seines Gebietsbestandes und seines internen Selbstbestimmungsrechtes einerseits, und die Achtung vor der Unversehrtheit des Gebietsbestandes und der innerpolitischen Hoheitsrechte der Mitstaaten andrerseits, ist der Kernbestand der „nationalen Ehre", ist die Selbsterhaltungsehre des Staates. (Der andere Bestandteil der „nationalen Ehre", die Selbstvervollkommnungsehre des Staates, wird unten im Zusammenhang mit Art. II des Hauptvertrages besprochen.) Wie derjenige Mensch Selbstachtung besitzt, sich seiner Menschenwürde bewußt ist, bewußt seine Ehre wahrt, der einerseits sich wehrt, wenn man ihm die Bedingungen, deren er zur Selbsterhaltung bedarf, nehmen, vorenthalten oder kürzen will, anderseits aber auch keinem Mitmenschen die demselben seinerseits zukommenden Bedingungen der Selbsterhaltung entzieht, so gebietet auch die Selbsterhaltungsehre dem Staate, daß er einerseits unter keinen Umständen dulde, daß sein Gebietsbestand und innerhalb desselben sein Selbstbestimmungsrecht von Außenstaaten verletzt werde, und andrerseits, daß auch er den Territorialbestand und das innere Selbstbestimmungsrecht keines Mitstaates vergewaltige. Nur so wahrt der Staat seine Ehre.

Vorbehaltloser Weltschiedsgerichtsvertrag?

Gebietsbestand und Selbstbestimmungsrecht innerhalb des Gebietsbestandes sind also diejenigen nationalen Güter, deren zuverlässiger Schutz eine elementare Notwendigkeit ist. Würde ein *vorbehaltloser* bindender Weltschiedsgerichtsvertrag, oder würde ein, alle Staaten umfassendes Netz von *vorbehaltlosen* bindenden Schiedsgerichtsverträgen den sichern Schutz, der unerläßlich ist, gewähren? Wäre nicht jede Vergewaltigung des Gebietsbestandes und der auf diesen sich erstreckenden Hoheitsrechte jedes Staates ausgeschlossen, wenn sämtliche Staaten sich verpflichteten, ausnahmslos alle internationalen Streitigkeiten, die durch direkte Unterhandlungen zwischen den streitenden Parteien nicht beigelegt werden, im Wege des Schiedsverfahrens schlichten zu lassen? An der Oberfläche scheint das ja eine so einfache Lösnng des Problems. Darum wurde der Gedanke auch leicht populär. Die eifrige Propaganda, die vor dem Weltkrieg allenthalben, besonders auch in den Vereinigten Staaten von Nordamerika gemacht wurde, — wohl eine der bedeutungsvollsten, jedoch nicht überall voll gewerteten neuzeitlichen Erscheinungen — gewann weite Kreise für die Idee. Aber so einfach die Sache aussieht, die Rechnung stimmt nicht. Denn der Vorschlag, daß die Staaten sich von vornherein verpflichten, in Bausch und Bogen ausnahmslos alle internationalen Streitfälle, die durch Unterhandlungen von Staat zu Staat nicht beigelegt werden, schiedsgerichtlich schlichten zu lassen, steht nicht im Einklang mit dem menschlichen Urtrieb, dem Urrecht und der Urpflicht der Selbsterhaltung. Wird doch von den Staaten die Verpflichtung gefordert, ihr Selbsterhaltungsrecht, ihre Selbsterhaltungspflicht und damit ihre Selbsterhaltungsehre gegebenenfalls preiszugeben. **Das ist an sich widernatürlich.**

und darum sittlich ungesund. Außerdem hängt bei der Wahrung seines Gebietsbestandes und seiner staatsrechtlichen Souveränität kein Staat, sei er groß oder klein, von irgend einem andern Staate ab, solange sich kein Außenstaat eine Einmischung in seine innerpolitischen Angelegenheiten und keine Verletzung seines Gebietsbestandes anmaßt. Gebietsbestand und Selbstbestimmungsrecht innerhalb des Gebietsbestandes sind ihrem Wesen nach rein staatliche, rein nationale Güter. Erst Verhandlungen und Streitigkeiten über dieselben können einen internationalen Charakter erhalten. Und wenn internationale Streitigkeiten über die beiden Selbsterhaltungsgüter durch anmaßende Einmischung, oder durch Verletzung der Güter veranlaßt wurden, also durch Übergriffe, die, solange der Selbsterhaltungstrieb nicht aus der Welt geschafft werden kann, widersittlich sind, so liegt nicht nur nicht der entfernteste Grund vor, eine Streitfrage über Territorialbestand oder staatsrechtliche Souveränität vor ein internationales Forum zu bringen, es hieße geradezu dem Widersittlichen grundsätzlich Vorschub leisten, wollte man hier als die zu entscheidende Instanz ein internationales Schiedsgericht einsetzen.

Aber nicht allein widernatürlich und widersittlich wäre ein *vorbehaltloser* bindender Weltschiedsgerichtsvertrag, er wäre auch nicht zweckmäßig. Er wäre kein zuverlässiges Schutzmittel. Denn in dem Augenblicke, da um Sein oder Nichtsein der Zustand der Not eintritt, wird beim gesunden Staate, genau so wie beim gesunden Einzelmenschen, der Selbsterhaltungstrieb mit elementarer Gewalt hervorbrechen, sich über formale Rechtssätze und Rechtseinrichtungen hinwegsetzen, sich wehren so gut er kann, sofern nicht, wie beim Quäker die Gewißheit, daß Rettung auch ohne Selbsthilfe kommt, den Selbsterhaltungstrieb beherrscht.

Beispiele in bezug auf Einzelmenschen kennt jedermann. Und die Geschichte legt Zeugnis davon ab, wie der Selbsterhaltungstrieb lebensstarker Völkerschaften und Staatengebilde vor nichts Halt macht. Im Weltkriege haben beide kriegführenden Teile das historische Zeugnis besiegelt. Das Schicksal der Schiedsgerichtsverträge, die im Jahre 1911 Mr. Taft, der damalige Präsident der Vereinigten Staaten von Nordamerika, den beiden Mächten Großbritannien und Frankreich vorgeschlagen hatte, und die ja in Wahrheit noch lange keine *vorbehaltlosen* Schiedsgerichtsverträge waren, wenn sie auch von manchen Seiten gerne als solche gepriesen wurden, hat deutlicher gezeigt, als vielleicht irgend ein anderes friedliches weltpolitisches Geschehnis der neueren Zeit, daß eine Regierung, die sich ihrer Verantwortung bewußt ist, und wäre sie die Regierung des mächtigsten Staates, sich der Lehre der geschichtlichen Erfahrung nicht verschließen, im Ernste keine Verpflichtung eingehen wird, durch welche der Staat die Freiheit, in Fragen der Selbsterhaltung sein eigner Richter zu sein, von vornherein aufgibt. Von demselben staatsmännischen Verantwortungsgefühl, derselben staatsmännischen Einsicht, zeugt die „Lebensinteressen- und Ehrenklausel" in den bisher abgeschlossenen internationalen Schiedsgerichtsverträgen.

Eine Gewähr für Vertragstreue, wo es sich um widernatürliche Abmachungen, um Verträge wider den Selbsterhaltungstrieb, handelt, gibt es nicht. Solche Verträge abschließen ist verlorener Kraftaufwand, Täuschung. Sie sind für alle Vertragschließenden und, letzten Endes, für die gesamte Menschheit, schädlich.

Wohl gibt es Ausnahmen. Nämlich Fälle, wo jede wechselseitige Vergewaltigung des Gebietsbestandes und des innerpolitischen Selbstbestimmungsrechtes der Kontrahenten durch die geographische Lage und die wirtschaftlichen und politischen Verhältnisse ohnedies ausgeschlossen ist. Die bereits bestehenden bindenden internationalen Schiedsgerichtsverträge ohne Vorbehalt sind solche Ausnahmen. Doch blieben ja die Selbsterhaltungsgüter der Staaten, die solche Verträge abgeschlossen haben, auch ohne die Verträge ungefährdet!

Wenn einst die Dinge auf Erden so liegen, daß zwischen sämtlichen Staaten eine wechselseitige Vergewaltigung der Selbsterhaltungsgüter ausgeschlossen ist, weil Habgier und die Sucht nach der politischen Obergewalt, mit anderen Worten, weil Mammonismus und Imperialismus durch vollkommenere Erkenntnis und vollkommenere Erfüllung der Urpflichten seitens aller überwunden sind, dann könnte wohl ein *vorbehaltloser* bindender Weltschiedsgerichtsvertrag abgeschlossen werden ohne Gefahr, das Gegenteil von dem zu bewirken, was er bezweckt. Dann würde aber eben auch ohne den Vertrag eine Gefährdung der Selbsterhaltungsgüter der Staaten nicht zu befürchten sein. Und widernatürlich und widersittlich bliebe der *vorbehaltlose* bindende Weltschiedsvertrag dennoch.

Nur solche Verträge, die den Urrechten und Urpflichten aller Staaten gerecht werden, werden im Ernste von allen Staaten abgeschlossen werden können und Aussicht haben, in Krisen nicht über Bord geworfen zu werden, sondern unerschüttert aus denselben hervorzugehen als unerschütterliche Bollwerke der Vollkommenheitskultur.

Ein *vorbehaltloser* bindender Weltschiedsvertrag oder ein alle Staaten umfassendes Netz von bindenden Schiedsverträgen ohne Vorbehalt wird also abgelehnt. Und zwar grundsätzlich.

Vorgeschlagen werden dagegen zum Schutze des Territorialbestandes und des innerpolitischen Selbstbestimmungsrechtes der Staaten zunächst die Vorbeugungsmittel des Art. 1 des Hauptvertrages, die zu verhüten bezwecken, daß der Staat überhaupt in die Notlage von außen gefährdeter Selbsterhaltung gerate. Art. 1 sei hier im Wortlaute wiederholt:

Sämtliche vertragschließenden Staaten verpflichten sich wechselseitig:

a) Gebietsbestand und Selbstbestimmungsrecht innerhalb des Gebietsbestandes als die Selbsterhaltungsgüter, und deren Wahrung als die Selbsterhaltungsehre des Staates zu achten und dieselben unter keinen Umständen zu verletzen; dementsprechend

b) sich jeder Einmischung sowohl in innerpolitische Angelegenheiten eines hohen Vertrags-Mitgliedes, als auch in friedliche zwischenstaatliche Verhandlungen, die sich auf territorialen Besitzstand und innerpolitisches Selbstbestimmungsrecht außerhalb des eignen Hoheitsgebietes beziehen, zu enthalten;

c) zwischenstaatliche Veränderungen der Territorialbestände und des innerpolitischen Selbstbestimmungsrechtes unter keinen Umständen durch Krieg, Boykott oder andere Vergewaltigungsmittel, sondern durch Verständigung, friedlichen Äquivalenten-Austausch, oder ein anderes friedliches Verfahren unter freiwilliger Zustimmung jeder am gegebenen Fall beteiligten hohen Vertragsmacht und deren Bevölkerung herbeizuführen.

d) in etwaigen Fällen aber, wo keine, die hohen Beteiligten befriedigende Vereinbarung erreicht wird, auf die in Erwägung gezogene Veränderung des Statusquo bedingungslos zu verzichten, bis künftige Verhältnisse eine Wiederaufnahme darauf bezüglicher Verhandlungen aussichtsvoller erscheinen lassen.

Also (Abs. b) keine Einmischung irgend welcher Art seitens der Außenstaaten in Territorialfragen und andere innerpolitische Angelegenheiten des Staates. Ein Staatengebilde, das ohne die Einmischung von Außenstaaten innerer Schwierigkeiten nicht Herr werden könnte, würde kaum Anspruch darauf erheben können, als mündiger Staat zu gelten und Mitglied der Völkerrechtlichen Gemeinschaft der Staaten zu werden, bezw. zu bleiben. Keine (Abs. c) Gewaltmittel, sondern Verständigungspolitik als Mittel zur Herbeiführung internationaler Veränderungen des Gebietsbestandes und der inneren Hoheitsrechte. Und (Abs. d) einer Zuspitzung etwaiger Meinungsverschiedenheiten bei Verhandlungen über zwischenstaatliche Veränderungen des Gebietsbestandes und der staatsrechtlichen Souveränität ein Riegel vorgeschoben. Sobald die friedlichen Verhandlungen anfangen, aussichtslos zu werden, sind sie abzubrechen in der Voraussetzung späterer Wiederaufnahme, falls sie von beiden Beteiligten gewünscht wird. Diesen Staaten wird es dann obliegen, ihre Politik so zu führen, daß später aufs neue eingeleitete Verhandlungen das gewünschte Ziel erreichen.

Der Grund und Boden, auf welchem Artikel I, wie überhaupt der allgemeine Staatenschutzvertrag, ruht, ist die Unangreifbarkeit der Gebietsbestände und des internen Selbstbestimmungsrechtes, die Unangreifbarkeit des diese Bereiche umfassenden Statusquo. Es erhebt sich darum die wichtige Frage:

Welcher Statusquo soll die Grundlage des allgemeinen Staatenschutzvertrages zur Sicherung des bleibenden Weltfriedens bilden?

Welche Gestaltung der politischen Landkarte unserer Erde soll als die unverletzliche gelten? Welche Daseinsform der Territorialbestände und der staatsrechtlichen Souveränität ist als der gegebene Statusquo anzusehen, dessen Wahrung das Urrecht und die Urpflicht der Staaten — den Kern ihrer Ehre — bildet? Nach welchem Prinzip soll dieser Statusquo bestimmt werden?

Die politische Weltkarte bot vor Ausbruch des Weltkrieges ein anderes Bild dar als hundert Jahre früher, und damals ein anderes als vor zwei, und ein anderes als vor drei Jahrhunderten, usw. Soll der Weg der Revision[1]) die Konstellation der ohne freiwillige Zustimmung aller Beteiligten nicht mehr zu verändernden Gebietsbestände und internen Hoheitsrechte festsetzen? Etwa nach dem Grundsatze: die unangreifbare Gestalt des Staates ist diejenige, welche sich ohne Vergewaltigung fremder Gebiete gebildet hat; daher sind diejenigen Gebietsteile, die durch Gewaltmittel oder List erworben wurden, aus jedem Staate auszusondern und an ihre ursprünglichen Besitzer zurückzugeben? Dieses Verfahren würde in labyrinthischen Gängen das geschichtlich Gewordene bis in jene Tiefen aufwühlen und umstürzen müssen, wo geschichtliche Überlieferungen über territorialen Besitzstand der Stämme aufhören, und der Revisionsreihe Halt geboten würde, ohne daß jedoch die dem befolgten Grundsatze entsprechende territoriale Konstellation gefunden worden wäre.

Oder soll die Revisionskette bei einem beliebig festzusetzenden, einschneidenden Wendepunkt in der Weltgeschichte abschließen? Etwa bei der Entdeckung Amerikas? Die noch nicht ausgerotteten Reste der Indianer-Stämme wären zweifellos mit einer solchen Vereinbarung zufrieden. Ob es die Nachkommen der Europäer wären, die den damaligen Besitzern des

---

[1]) Vgl. 18me Congrès Universelle de la Paix à Stockholm 1910. „The Worldpetition to the Third Hague Peace Conference, resumé of the address delivered by Miss Anna B. Eckstein."

heutigen Kanada, der Vereinigten Staaten von Nordamerika, Mexikos und der zentral- und südamerikanischen Republiken ihren territorialen Besitzstand entrissen haben? Und ob die Wiederherstellung der europäischen Landkarte von 1492 allseitige Befriedigung im heutigen Europa auslösen würde?

Die wenigen Andeutungen dürften genügen, um jeden Zweifel über den Schluß zu beseitigen: es ist ganz einerlei, ob die Revisionskette verkürzt oder verlängert würde, der Weg der Revision ist ungangbar. Er ist phantastisch.

Aber selbst wenn der Revisionsweg gangbar wäre, wäre er gerecht? Die wechselnden Gestaltungen der Gebietsbestände sind doch aus und nach einander unter der Herrschaft der internationalen Ordnung entstanden, deren Triebfeder das Prinzip „Macht ist Recht" ist, und die, soweit geschichtliche Überlieferungen zu benachrichtigen vermögen, die einzige internationale Ordnung ist, die je anerkannt und geübt wurde. Unter der Herrschaft dieses Systems der Kunst des Möglichen durch Gewalt und List war es immer etwas Selbstverständliches, daß jedes Staatengebilde sich aus dem territorialen Besitz und den Rechten anderer aneignete, was immer seine Machtverhältnisse gestatteten. Und dies nicht etwa zu dem Zwecke, es eines schönen Tages freiwillig als ein Geschenk zurückzugeben. Vielmehr mußte stets der vergewaltigte Stamm oder Staat das Blut seiner physisch wohlgeratensten, besten Söhne, und Unsummen von Vervollkommnungs- und Glücksmöglichkeiten von Generationen einsetzen und opfern, wenn er die ihm entrissenen Gebiete und Rechte zurückerlangen wollte. Das war für alle Stämme und Staatengebilde gleich recht und billig, das war von jeher so. Das ist tatsächlich heute noch so. Denn eine weltpolitische Neuordnung, die von einem andern Grundsatz als „Macht ist Recht", der ja nichts anderes bedeutet, als Mißbrauch der Macht ist Recht, beherrscht wird und **von allen Staaten anerkannt wäre, gibt es noch nicht.**

Die Haager Konventionen und andere völkerrechtliche Abmachungen regeln Einzelheiten, schaffen aber das Grundprinzip, Mißbrauch der Macht ist Recht, und mit ihm seine Folgeerscheinungen nicht ab. Daß der Wunsch nach einer menschenwürdigeren internationalen Rechtsordnung in den jüngsten Jahrzehnten immer lebhafter geworden ist, ändert ebenfalls nichts an der Tatsache, daß trotz des lebhaften Wunsches eine neue Völkerrechtsordnung, die den hergebrachten Grundsatz aufgehoben und ihn durch einen sittlichen ersetzt hätte, nicht geschaffen worden ist. Die althergebrachte internationale Ordnung besteht heute noch und muß billigerweise so lange als Maßstab gelten, an welchem Recht und Unrecht der auswärtigen Politik der Staaten zu messen ist, bis eine neue sittliche, alle Staaten umfassende Völkerrechtsordnung in aller Form von sämtlichen Staaten vereinbart und ratifiziert worden ist.

Alle geschichtlich gewordenen Gestaltungen der Gebietsbestände und der inneren Hoheitsrechte sind ausnahmslos unter dem Gesichtspunkte der seit altersher geübten internationalen Ordnung (oder wenn man will: Anarchie) zu beurteilen. Und vom Standpunkte dieser Ordnung aus ist jede geschichtlich gewordene Konstellation der Territorialbestände und staatsrechtlichen Souveränität recht und billig, Revisionen dagegen ungerecht. Eine andere Auffassung kann — so wie die Dinge nun einmal gelegen haben und liegen — den Anspruch auf Billigkeit und Gerechtigkeit nicht erheben.

Da nun bisher jede geschichtlich gewordene Gestaltung der Landkarte unter dem allgemein anerkannten und allgemein geübten internationalen Gewaltsystem entstand, und im Lichte dieses Systems als gerecht gewertet werden muß, so ist die letzte unter der Herrschaft des Gewaltsystems gewordene Gestalt der Weltkarte diejenige, welche als der unverletzliche Statusquo zu achten und hinüberzunehmen ist in die neue, auf sittlicher Basis aufzubauende Völkerrechtsordnung der Zukunft. Ohne diese entschlossene Tat seitens sämtlicher Staaten würden völkerrechtliche Vereinbarungen, wie jene sozialen Hilfsmittel, Palliativmittelchen bleiben, die ein verhängnisvolles Wanken, in das alles geraten würde, nicht aufzuhalten vermöchten.

Damit ist die Frage: welcher Statusquo der Territorialbestände und des internen Selbstbestimmungsrechtes die Grundlage des allgemeinen Staatenschutzvertrages bilden soll, beantwortet. Die Antwort lautet: In der Voraussetzung, daß sämtliche

Staaten der Erde den allgemeinen Staatenschutzvertrag in unmittelbarem Anschluß an die den Weltkrieg beendenden Friedensverhandlungen vereinbaren und ratifizieren werden, soll die Grundlage des allgemeinen Staatenschutzvertrages diejenige Gestaltung der Weltkarte bilden, welche durch die Beendigung des Weltkrieges geprägt wurde.

Wie die politische Weltkarte bei dem den Weltkrieg beendenden Friedensschluß auch ausfallen mag, es wird in Zukunft von keiner wechselseitigen Über- und Unterordnung der Staaten die Rede sein dürfen. Erstens deshalb nicht, weil ja nicht ein oder einige Staaten allein, sondern sämtliche Staaten, jeder nach Maßgabe seiner Individualität, im Vervollkommnungsgange der Menschheit das Seine zur Erreichung jenes Entwicklungspunktes beigetragen hat, auf welchem das internationale Gewaltsystem als für alle Staaten unzweckmäßig und unhaltbar geworden, abgestoßen werden muß. Zweitens, weil die Bestimmung, daß dieser Entwicklungspunkt in unsere Tage und nicht in irgend eine andere Geschichtsperiode, etwa in die der Napoleonischen Siege, fällt, nicht im Bereich menschlichen Vermögens oder menschlicher Abwehr liegt, sondern von kosmischen Kräften und Vorgängen herkommt, ein Unabänderliches ist, ein Ewiges, ein Gottgewolltes. Bei einer unbefangenen Würdigung der Kulturbeiträge sämtlicher Staaten und im Hinblick auf die Zeichen der Zeit ergibt sich als das allein sinnvolle, allein nützliche und sittliche Zukunftsverhältnis der Staaten zu einander das Verhältnis der unbedingten Gleichberechtigung ohne Unterschied der territorialen Ausdehnung, der Rechte, wirtschaftlicher und anderer Machtfaktoren, vor dem Forum einer neuen, sittlichen Völkerrechtsordnung.

Keine starre Festlegung des Statusquo.

Daß jedoch die durch den Weltkrieg erzeugte Konstellation der Territorialbestände und der staatsrechtlichen Souveränität die Grundlage des allgemeinen Staatenschutzvertrages bilden soll, bedeutet nicht eine starre Festlegung des Statusquo für alle Zeiten. In Artikel I, Abs. b—d, werden ja auch künftige Veränderungen des Statusquo als selbstverständlich hingestellt.

Nur sollen in Zukunft die Veränderungen nicht durch Gewaltmittel, sondern durch Verständigung, durch friedlichen Äquivalentenaustausch, oder durch ein anderes friedliches Verfahren, unter freiwilliger Zustimmung jeder am gegebenen Fall beteiligten hohen Vertragsmacht und deren Bevölkerung herbeigeführt werden.

Beispiele friedlicher internationaler Veränderungen des Statusquo kennt die Geschichte bereits. Es sei nur hingewiesen auf die Trennung zwischen Schweden und Norwegen; auf den Wechsel in der Staatszugehörigkeit Alaskas und den Helgolands. Es kann also „unter freiwilliger Zustimmung jeder am gegebenen Fall beteiligten hohen Vertragsmacht und deren Bevölkerung" auch in Zukunft Gebiet gegen Gebiet, oder Gebiet gegen Geld ausgetauscht werden. Außerdem auch Gebiet gegen gewisse Vergünstigungen im Handels-, Verkehrs- und Finanzwesen. Oder Vergünstigungen gegen Vergünstigungen. Die Mannigfaltigkeit der Verhältnisse der einzelnen Staaten zu einander bietet eine geradezu unendliche Fülle von Austauschmöglichkeiten.

Das Schiedsgerichtsverfahren ist ein „anderes friedliches Verfahren", das als Mittel zur Herbeiführuug von internationalen Veränderungen des Gebietsbestandes und des internen Selbstbestimmungsrechtes nicht ausgeschlossen ist unter der Voraussetzung, daß alle am gegebenen Fall Beteiligten einen internationalen Schiedsspruch den Verhandlungen von Staat zu Staat vorziehen, was etwa bei kleineren Grenzverschiebungen vorkommen könnte. Anrufung eines internationalen Schiedsgerichtes unter solchen Voraussetzungen und Umständen ist etwas ganz anderes als die Idee des vorbehaltlosen, bindenden Weltschiedsvertrages, der von **vornherein** sämtliche Staaten **verpflichten will, ausnahmslos jeden** internationalen Streitfall, der im Wege direkter Verhandlungen von Staat zu Staat nicht beigelegt wird, durch internationalen Schiedsspruch bindend schlichten zu lassen. Der hier unterbreitete Entwurf zu einem allgemeinen Staatenschutzvertrag dagegen läßt den Staaten in bezug auf friedliche Mittel und Wege zur Herbeiführung internationaler Veränderungen des Statusquo freie Wahl.

Die Politik des friedlichen Äquivalentenaustausches und der friedlichen Mittel zur Beilegung internationaler Streitigkeiten wird sich um so großzügiger und wechselseitig gewinnbringender gestalten, je länger der allgemeine Staatenschutzvertrag in Kraft ist, und je länger infolgedessen die Reichtums- und Kräftequellen der Völker nicht mehr dem Bereitmachen von Vergewaltigungsmitteln und der Vergewaltigung selbst geopfert werden, sondern in Bahnen fließen, worin sie Selbsterhaltungs- und Selbstvervollkommnungswerte schaffen und vervielfältigen.

Zu Artikel 2 des Hauptvertrages.

Wortlaut des Artikels 2 wiederholt.

Artikel 2.

Sämtliche vertragschließenden Staaten verpflichten sich wechselseitig:

alle zwischenstaatlichen Streitigkeiten, die aus staatlichen Entwicklungs- bezw. Vervollkommnungsinteressen zwischenstaatlicher Wesensart und den mit diesen Interessen zusammenhängenden Ehrenfragen hervorgehen und im Unterhandlungswege von Staat zu Staat nicht beigelegt werden, unter keinen Umständen durch Krieg, Boykott oder andere Vergewaltigungsmittel zu entscheiden, sondern einem zwischenstaatlichen Schiedsgerichte, gegebenenfalls mehreren zwischenstaatlichen Schiedsgerichtsinstanzen, die zur Wahrung des auf die staatlichen Gebietsbestände und das innerpolitische Selbstbestimmungsrecht sich erstreckenden Statusquo verpflichtet sind — sofern ihnen nicht von den streitenden Teilen ausdrücklich für den gegebenen Fall die Befugnis zur Herbeiführung einer Veränderung ihres Gebietsbestandes und, bezw. oder, ihres innerpolitischen Selbstbestimmungsrechtes zuerkannt wird — zu bindender Schlichtung zu überweisen.

Zwei Ursachengruppen internationaler Streitigkeiten.

Es gibt zwei Ursachengruppen, aus denen internationale Streitigkeiten entstehen können. Die eine Gruppe setzt sich zusammen aus den Selbsterhaltungsgütern, von denen Art. 1 des Hauptvertrages handelt: dem Gebietsbestand, dem innerstaatlichen Selbstbestimmungsrecht und der Selbsterhaltungsehre der Staaten. Den anderen Ursachenkomplex, aus welchem internationale Streitigkeiten entstehen können, bilden die staatlichen Entwicklungs- bezw. Vervollkommnungs-Interessen internationaler Wesensart samt den mit ihnen verbundenen Ehrenfragen.

Staatliche Entwicklungs- bezw. Selbstvervollkommnungs-Interessen internationaler Wesensart.

Alle Selbstvervollkommnungs-Interessen des Staates sind Entwicklungsinteressen. Aber nicht alle Entwicklungsinteressen sind auch Selbstvervollkommnungs-Interessen. Ebensowenig wie ausnahmslos alles, was an elterlicher und staatlicher Fürsorge und an eigner Anstrengung für die Entwicklung des Einzelmenschen geschieht, diesem ausschließlich zur Selbstvervollkommnung gereicht, — irrt doch der Mensch solang er strebt — ebensowenig bewirken die Rechtsordnung, die sozialen, wirtschaftlichen, erzieherischen, künstlerischen, kirchlichen und politischen Einrichtungen in einem Staate ausschließlich einen Fortschritt in der Richtung nach dessen Selbstvervollkommnung. In jedem Staate leidet ein größerer oder kleinerer Prozentsatz dieser Einrichtungen und der Arbeit unter dem Mangel an einheitlicher Zielsetzung, die aus einer, der Allgemeinheit klar bewußten Vorstellung über den Sinn des Lebens hervorgegangen ist; einen Mangel, der einerseits zu wohlgemeinten, aber verfehlten Entwicklungsrichtungen, zu Utopien, führt, andrerseits zu dem Sichbreitmachen des Schmarotzertums einzelner hab- und herrschgieriger Interessentenkreise, die ihre selbstsüchtigen Ziele verfolgen auf Kosten der einzelnen Staatsangehörigen und des Staatswohles. Nur was für ausnahmslos alle Staatsangehörigen — für jeden einzelnen nach Maßgabe seiner besonderen Individualität — die Möglichkeit zu fortschreitend sich veredelnder Lebenshaltung und Lebensführung schafft, die Macht des Staatsganzen veredelt, stärkt, mehrt, vervollkommnet, sind nationale Selbstvervollkommnungs-Interessen. An diesem Wertmesser sind die Entwicklungsinteressen des Staates zu prüfen. Diese Prüfung ist Teil jener „Kunst, die lang ist".

Das Streben des Vollkommenheitstriebes beschränkt sich in keinem Staate ausschließlich auf Hebung und Nutzung der geistigen und materiellen Schätze innerhalb der eigenen geographischen Grenze, sondern sucht unaufhaltsam darüber hinaus nach Möglichkeiten, die jenseits des eigenen Gebietsbestandes liegen. Und zwar um so entschiedener, je lebhafter die Selbstvervollkommnungs-Entwicklung eines Staatswesens fortschreitet, und je beschränkter Summe und Mannigfaltigkeit der Naturerzeugnisse des eigenen Wirtschaftsgebietes sind. Das Gesetz der Solidarität, des Aufeinanderangewiesenseins, der wechselseitigen Haftbarkeit aller, das im Vollkommenheitstriebe begründet liegt, spann vor dem Weltkriege längst jährlich Tausende von neuen Fäden hinüber und herüber zwischen den Staaten und webte seine Bande beständig mannigfaltiger und fester. Jeder Kulturstaat braucht, der eine mehr, der andere weniger, von anderen Staaten Rohstoffe und Industrieerzeugnisse, die das eigne Gebiet nicht, ·oder nicht in genügenden Massen, hervorbringt; er braucht umgekehrt jenseits seiner Grenzen Absatzgebiete für seine überschüssigen Bergbau-, Landwirtschafts- und Industrieprodukte; er braucht jenseits seiner Grenzen Entgegenkommen im Verkehrs- und Nachrichtendienst, in Kunst und Wissenschaft und er braucht Auslandskredit. Staatliche Entwicklungs- bezw. Selbstvervollkommnungs-Interessen internationaler Wesensart sind also alle Interessen des Staates, die mit diesen Bedürfnissen zusammenhängen. Nicht hierher gehören selbstverständlich jene staatlichen Entwicklungs- bezw. Selbstvervollkommnungs-Interessen, die ausschließlich in nationalem Boden wurzeln und zu ihrer Entfaltung keiner Mittel von außerhalb des eignen Staatsgebietes bedürfen.

Die Selbstvervollkommnungs-Ehre des Staates.

Urrecht und Urpflicht der Selbstvervollkommnung des Staates fordern, daß die Staatsgewalt seine verfehlten Entwicklungs- und seine Schmarotzer-Interessen beseitigt, seine Selbstvervollkommnungs-Interessen aber immer und überall wahrt und fördert. In der Beseitigung der verfehlten Entwicklungs- und der Schmarotzer-Interessen und in der Wahrung und Förderung der Selbstvervollkommnungs-Interessen besteht, was zusammen mit der

Selbsterhaltungs-Ehre die nationale Ehre bildet, die Selbstvervollkommnungs-Ehre des Staates.

Völkerrechtlicher Schutz der Selbstvervollkommnungs-Interessen internationaler Wesensart und der darin gebundenen Ehre.

Geschützt werden Selbstvervollkommnungs-Interessen und -Ehre, ähnlich wie Territorialbestand, innerpolitisches Selbstbestimmungsrecht und Selbsterhaltungs-Ehre, zunächst durch die allgemeine freiwillige Selbstbeschränkung der völkerrechtlichen Souveränität, die bestimmt, daß kein Staat Besitz oder Rechte eines Mitstaates vergewaltigen darf, und die Anwendung von „Krieg, Boykott und anderen Vergewaltigungsmitteln" verbietet.

Es bestehen aber zwischen den Entwicklungs- bezw. Selbstvervollkommnungs-Interessen, von denen Art. 2 handelt, und den Selbsterhaltungs-Gütern des Artikels I wesentliche Unterschiede: Letztere sind ihrer Natur nach rein national, in der Wahrung derselben an sich ist der Staat von keinem Mitstaate abhängig, und ihr Schicksal bestimmt Sein oder Nichtsein des souveränen Staates als solchen; erstere dagegen sind ihrem Wesen nach nicht nur national, sondern gleichzeitig international, ihre Wahrung und Förderung ist vom Auslande abhängig, ihr Schicksal bestimmt Sein oder Nichtsein des souveränen Staates als solchen nicht. Wohl können Entwicklungs-Interessen die Bedeutung von „vitalen" oder „Lebensinteressen" für einzelne wirtschaftliche Unternehmungen, für engere, oder weitere Interessentenkreise haben. Wenn aber ein wirtschaftliches Unternehmen zerschellt, so ist das wohl bedauerlich, vorausgesetzt, daß das Unternehmen zur Gruppe der staatlichen Selbstvervollkommnungs-Interessen und nicht der der verfehlten oder der Schmarotzer-Interessen gehört. Doch derartige Schäden können von einer Diplomatie und einer innerpolitischen Verwaltung, die in der Volks- und Weltwirtschaft geschult, sich von sozialen, volks- und weltwirtschaftlichen Gesichtspunkten leiten lassen, wieder gut gemacht werden. Es lassen sich durch eine weise und umsichtig geleitete Politik des Äquivalenten-Austausches Mittel und Wege finden, um Ausfälle, die die einen oder anderen Interessentengruppen erlitten haben, anderswo auszugleichen, dem Staatsganzen hier zu ersetzen, was dort verloren ging. Was ein entschlossener guter Wille durch Anpassung zu leisten vermag, das hat der Weltkrieg gezeigt. Und selbst wenn einmal ein Ausgleich in Sachen gescheiterter Selbstvervollkommnungsinteressen mißlänge, so würde allerdings die Vollkommenheitsentwickelung des Staates in etwas gehemmt, aber, solange seine Gebietsintegrität und seine innerpolitische Freiheit, sein innerpolitisches Selbstbestimmungsrecht unverletzt bleiben, solange bleiben die **nationalen** Lebensinteressen unberührt. Der Fortbestand des selbständigen Staates bleibt gesichert. Die Entwicklungs- bezw. Selbstvervollkommnungs-Interessen internationaler Wesensart sind also keine Lebensinteressen des Staates als solchen.

Diese Unterschiede der Wesensbeschaffenheit, des Verhältnisses zu den Außenstaaten und der Bedeutung für Sein oder Nichtsein des Staates bedingen denn auch bei internationalen Streitigkeiten, die aus Entwicklungs- bezw. Selbstvervollkommnungs-Interessen internationaler Wesensart entstehen, ein Beilegungsverfahren, das sich von jenem bei ernsten Meinungsverschiedenheiten über Selbsterhaltungsgüter und -Ehrenfragen angewandten wesentlich unterscheidet. Fordern Natur und das Sittliche, daß bei Streitfällen über Gebietsbestände, innerpolitisches Selbstbestimmungsrecht und Ehrenfragen, die mit diesen verbunden sind, **der Staat** unter allen Umständen **sein eigener Richter** ist, weil sein Bestand auf dem Spiele steht, und weil er in der Wahrung seiner Selbsterhaltungsgüter an sich von Außenstaaten nicht abhängt, so verlangen Natur und das Sittliche in Streitigkeiten aus Entwicklungs- bezw. Selbstvervollkommnungs-Interessen zwischenstaatlicher Wesensart, weil diese Interessen ohne den beteiligten Außenstaat, oder die beteiligten Außenstaaten, nicht gewahrt werden können, als letzte und oberste eine zwischenstaatliche Instanz: das internationale Schiedsgericht. Durch zahlreiche bestehende zwischenstaatliche Schiedsgerichtsverträge hat ja bis zu einem gewissen Grade das internationale Schiedsgerichtsverfahren bereits die Zustimmung der Staaten gefunden. Nun gilt es, daß sich sämtliche

Staaten, wie es im Artikel 2 heißt, von vornherein wechselseitig verpflichten, ausnahmslos alle zwischenstaatlichen Streitigkeiten, die aus staatlichen Entwicklungs- bezw. Selbstvervollkommnungs-Interessen internationaler Wesensart entstanden sind, wenn sie im Verhandlungswege von Staat zu Staat nicht beigelegt werden, einem internationalen Schiedsgerichte, gegebenenfalls mehreren internationalen Schiedsgerichts-Instanzen, zu bindender Schlichtung zu überweisen.

Selbstverständliche Voraussetzung ist, daß die Schiedsrichter gebunden sind, den Statusquo, soweit er sich auf Gebietsbestand und Selbstbestimmungsrecht innerhalb des Gebietsbestandes erstreckt, unbedingt zu wahren. Sonst wäre ja Art. 1 entwertet. Nur dann, wenn die streitenden Parteien im gegebenen Fall den Schiedsrichtern die Befugnis erteilen, durch ihren Schiedsspruch eine Veränderung der Territorialbestände und der innern Hoheitsrechte herbeizuführen, sind die Schiedsrichter von ihrer Verpflichtung, den diesbezüglichen Statusquo zu wahren, befreit. Es muß aber für jeden gegebenen Fall Sache freier Willensentschließung der streitenden Parteien bleiben, die Befugnis zu erteilen. Das erscheint vielleicht auf den ersten Blick eine fast an Lahmlegung grenzende Beschränkung des internationalen Schiedsgerichtsverfahrens. In Wirklichkeit aber dürfte sich herausstellen, daß das aus den Zeitverhältnissen heraus machtvoll anwachsende Bedürfnis nach Sicherheit des Bestandes bei allen Staaten einen in der Geschichte nicht gekannten guten Willen zu wechselseitig nutzbringenden Zugeständnissen auslösen wird. Die Sicherung der staatlichen Unversehrtheit wird im Vergleich mit den Entwicklungs-Interessen internationaler Wesensart dem weitschauenden staatsmännischen Blick das wichtigere Moment sein, dem gewisse Opfer zu bringen man sich entschließen wird. Denn wenn erst jeder Staat seiner Unversehrtheit unter allen Umständen gewiß sein kann, dann wird seine Selbstvervollkommnung gedeihlich und rasch vorwärts schreiten, was bei einem Zustande, da sein Bestand fortwährend bedroht ist, und alle seine Kräfte in erster Linie auf Abwehr konzentriert werden müssen, nicht geschehen kann.

Überdies wird das Streben weiser Staatsmänner, die die Zeichen der Zeit berücksichtigen, in Zukunft mehr und mehr darauf gerichtet sein, internationalen Streitigkeiten vorzubeugen. Immer freilich werden sie sich trotzdem nicht vermeiden lassen. Es sollten daher Einrichtungen und Ethik des internationalen Schiedsgerichtswesens und damit die Bürgschaft für die Gerechtigkeit der internationalen Schiedssprüche auf die Höhe des Menschenmöglichen gerückt werden. Einen Vorschlag, den Ausbau der Einrichtungen betreffend, enthält die „Zweite Internationale Maßnahme" des Nebenabkommens. Was die internationale Ethik anbetrifft, so müßten die Schiedsrichter bemüht sein, jeden Schiedsspruch in Einklang zu bringen mit der Ethik der Urrechte und Urpflichten der Selbsterhaltung und Selbstvervollkommnung der Staaten. Ihr leitender Grundsatz müßte sein: unentwegt in der Richtung nach der „Offenen Tür". Die Herbeiführung des freien wirtschaftlichen Wettbewerbs aller, der durch kein anderes Gesetz einzuschränken ist als allein durch das Gesetz der Solidarität aller, wird ihre ausschlaggebende Richtschnur sein müssen bei der Formulierung jedes Schiedsspruches. Eine Reform und Vertiefung der internationalen Ethik in diesem Sinne und ein Ausbau der internationalen Schiedsgerichts-Einrichtungen wie er im Nebenabkommen vorgeschlagen wird, sind die Voraussetzungen, die billigerweise geschaffen werden müssen, wenn von sämtlichen Staaten die wechselseitige Verpflichtung verlangt wird, die internationalen Streitigkeiten, die Entwicklungs- bezw. Selbstvervollkommnungs-Interessen internationaler Wesensart entspringen, und nicht durch Verhandlungen von Staat zu Staat beigelegt werden, ausnahmslos alle im Wege des Schiedsgerichtsverfahrens schlichten zu lassen, und das Urteil der angerufenen, bezw. höchsten Schiedsgerichts-Instanz als bindend zu achten und durchzuführen. Denn auch die Selbstvervollkommnungs-Interessen darf und wird kein lebensstarker Staat jemals preisgeben. Sein Urrecht, seine Urpflicht, seine Ehre verlangen, daß er sie stets und überall wahrt und fördert. Und nur wenn allen Staaten die Möglichkeit gegeben ist, sie zu wahren und zu fördern, wird das Schiedsgerichtswesen seine Zwecke erreichen.

Zu Artikel 3 des Hauptvertrages.
Wortlaut des Artikel 3 wiederholt.

Artikel 3.

Sämtliche vertragschließenden Staaten verpflichten sich wechselseitig: das Amt der Vollzugsgewalt gemeinschaftlich auszuüben und denjenigen Staat, oder diejenige Staatengruppe, der, bezw. die, nach der Ratifikation dieses allgemeinen Staatenschutzvertrages zur Sicherung des bleibenden Weltfriedens einen oder mehrere Artikel des Hauptvertrages verletzt, durch Abbruch der diplomatischen Beziehungen, durch Aussperrung aus dem Weltpost- und dem allgemeinen Telegraphenverein, durch Sperrzölle und Ein- und Ausfuhrverbote, die dem Vertragbrüchigen jegliche Ein- und Ausfuhr abschneiden, durch Entziehung des Kredits, kurz durch einen seitens sämtlicher übrigen hohen Vertragsmächte gemeinsam verhängten allgemeinen Boykott und, im äußersten Notfalle, durch vereinte Waffengewalt zur Vertragstreue zu zwingen.

Die überstaatliche Vollzugsgewalt.

Die Vereinbarung und Ratifikation der beiden ersten Artikel des Hauptvertrages durch sämtliche selbständigen Staaten würde nur eine unvollständige Neuregelung bedeuten, wenn eine vollziehende Gewalt, die mit wirksamen Zwangsmitteln ausgerüstet, hinter dem „Gesetze", d. h. hinter den durch die Ratifikation des Hauptvertrages geschaffenen international gültigen Rechtssätzen steht, fehlte. Denn es muß auf der heutigen Entwicklungsstufe der Menschheit zunächst noch damit gerechnet werden, daß trotz der vorbeugenden Abmachungen der Art. 1 und 2 Vergewaltigungsversuche nicht unbedingt ausgeschlossen sind.

Hinter dem Gesetze und über den Staaten muß eine Vollzugsgewalt stehen. Und doch nicht außerhalb der Staaten. Sondern gleichwie die Seele des Einzelmenschen, als das subjektive Ergebnis der Zusammen- und Wechselwirkung seiner Körper-, Verstandes- und Gefühlskräfte, zugleich Teil des Einzelmenschen und doch über seinem körperlichen, verstandesmäßigen und gefühlsmäßigen Ich ist, so soll die überstaatliche Vollzugsgewalt Teil jedes hohen Vertragschließenden sein und doch gleichzeitig über ihnen allen stehen.

Eine solche völkerrechtliche Überinstanz ist ins Leben gerufen, sobald die hohen Vertragsmächte den Hauptvertrag des allgemeinen Staatenschutzvertrages zur Sicherung des bleibenden Weltfriedens werden vereinbart und ratifiziert haben, und sobald gleichzeitig mit der Ratifizierung jeder Staat neben seinen anderen Ministerien ein Völkerrechtsministerium wird eingerichtet haben, dem gemeinsam mit den Völkerrechtsministerien sämtlicher anderen Vertragsstaaten die Vollzugsarbeiten und gegebenenfalls der Ausbau des allgemeinen Staatenschutzvertrages zur Sicherung des bleibenden Weltfriedens obliegen.

Das Notwehrgesetz.

Eine bestehende menschliche Einrichtung, die dem Ewigen, welches im Urtriebe der Selbsterhaltung lebt, in geeigneter Weise angepaßt wurde, ist das bürgerliche Notwehrgesetz. Es erklärt für den Augenblick des Notstandes gefährdeter Selbsterhaltung den Gefährdeten selber als Richter und erteilt ihm die Befugnis, nach eigenem Ermessen und Können jedes Schutz- und Wehrmittel der Gewalt und List zu ergreifen, um sich aus der Not der Lebensgefahr zu befreien. Was hier in weiser Einsicht dem Einzelmenschen zugestanden ist, hat die hergebrachte internationale Ordnung schematisch auf den Staat übertragen.

Der selbständige Staat war bisher, wie der Einzelmensch, im Notstande gefährdeter Selbsterhaltung befugt, nach eigenem Ermessen und Können uneingeschränkt jedes Schutz- und Wehrmittel der Gewalt und List zu seiner Verteidigung anzuwenden. Und dieses uneingeschränkte Notwehrgesetz zusammen mit dem uneingeschränkten Selbstbestimmungsrecht nach außen, das häufig in Willkür ausartete, führte notgedrungen dazu, daß alle Staaten dem verhängnisvollen Grundsatz „si vis pacem, para bellum" huldigten. Auf der neuzeitlichen Entwicklungsstufe der Rüstungs- und Verkehrstechnik, der Gewerbe, des Handels und des Finanzwesens aber ist das schematisch übertragene Notwehrgesetz für keinen Staat mehr zweckdienlich. Es ist überholt wie die Mauern und Falltore der Ritterburgen überholt sind.

Das macht die Friedensbewegung seit Jahrzehnten geltend. Und dem, der Augen und Ohren nicht gegen die Zeichen der Zeit verschließt, ist es, als ob der Weltkrieg sich zu seiner beispiellosen, entsetzenvollen Wucht zusammengeballt hätte, um mit furchtbarer Anschaulichkeit die Theorie von der Kriegsbereitschaft als Mittel gegen internationale Vergewaltigung, als Mittel zur Sicherung des Friedens, endgültig zunichte zu machen und zu zeigen, daß die Souveränität der Staaten nach außen und das internationale Notwehrgesetz mit dem Gesetz der Solidarität aller in Einklang gebracht werden muß.

Damit ist nicht gesagt, daß die Staaten darauf angewiesen wären, zwischen der Scylla eines vorbehaltlosen bindenden Weltschiedsvertrages und der Charybdis der uneingeschränkten Hoheitsrechte nach außen nebst uneingeschränktem Notwehrgesetz mit dem Grundsatz „si vis pacem, para bellum" zu wählen. Es gibt einen anderen Weg: Wie sich die Staaten wechselseitig verpflichten, gemäß Art. 1 und 2 keine Vergewaltigungsmittel irgend welcher Art zu gebrauchen, um Veränderungen der Territorialbestände und der staatsrechtlichen Souveränität herbeizuführen, oder um ihre Entwicklungs- bezw. Selbstvervollkommnungs-Interessen zu fördern, mit anderen Worten: ihre Macht nicht zu Eroberungen und Vergewaltigungen zu mißbrauchen, so bringen sie auch das uneingeschränkte internationale Notwehrgesetz in Einklang mit dem Gesetz der Solidarität aller, indem sie, für den Fall, daß trotz der vorbeugenden Vereinbarungen der Art. 1 und 2 Vergewaltigungsversuche gemacht werden sollten, sich wechselseitig verpflichten, die Mittel der Notwehr einzuschränken und sie **gemeinsam** gegen den Friedensstörer anzuwenden, wie in Art. 3 vorgeschlagen wird.

Beim Staate sieht ja der Notstand gefährdeter Selbsterhaltung wesentlich anders aus als beim Einzelmenschen. Es ist etwas anderes, das Leben jedes Einzelmenschen, und etwas anderes, die Unversehrtheit jedes Staatengebildes zu schützen. Letzteres ist eher möglich als ersteres. Denn die die Erde bevölkernden Einzelmenschen zählen nach Hunderten von Millionen, während die Zahl der auf der zweiten Haager Friedenskonferenz 1907 als selbständig anerkannten Staaten erst 44 betrug. Vorbeugungsmaßnahmen, die Hunderten von Millionen gegenüber auf der heutigen Entwicklungsstufe des Sittlichen noch versagen würden, lassen sich bei einigem guten Willen schon heute durchführen, wo es sich um nur einige Dutzende Einheiten handelt. Ähnlich ist es mit der Beschränkung der Notwehrmittel. Der Staat kann billigerweise nicht vom Einzelmenschen verlangen, daß er im Augenblicke der Lebensgefahr Rettung seitens des Staates durch bestimmte vorher festgesetzte Notwehrmittel abwarte. Denn jedem Einzelmenschen Rettung aus jeder vom Mitmenschen verursachten Lebensbedrohung zu gewährleisten, dazu ist der Staat nicht imstande. Die von den hohen Mitgliedern des allgemeinen Staatenschutzvertrages gebildete völkerrechtliche Gemeinschaft der Staaten aber kann mit Fug und Recht vom Einzelstaate Aufgabe bezw. Beschränkung der Notwehrmittel verlangen, denn sie besitzt die Macht, jeden Einzelstaat jederzeit vor Vergewaltigung seines Besitzstandes und seines innerpolitischen Selbstbestimmungsrechtes zu schützen. Sie kann auf Grund dieser Macht jedem Einzelstaate Rettung im voraus verbürgen. Und indem sie dadurch beim Staate einen ähnlichen Geisteszustand bewirkt wie jener ist, in welchem der Quäker sich befindet, (erinnert sei an William Penns Verhalten gegenüber den Indianern bei der Gründung Pennsylvaniens) wird der Glaube an die Rettung den Selbsterhaltungstrieb des Staates beherrschen, ihn in den vereinbarten Schranken halten.

Die Zwangsmittel der überstaatlichen Vollzugsgewalt:

1. Der gemeinsam verhängte allgemeine Boykott.

Die Machtmittel, welche die völkerrechtliche Gemeinschaft der Mitglieder des allgemeinen Staatenschutzvertrages besitzt, bestehen in der gemeinsam durchgeführten Verhängung der allgemeinen Aussperrung des Vertragsbrechers und, im äußersten Notfalle, in der Anwendung vereinter Waffengewalt.

Der über den Friedensstörer gemeinsam verhängte allgemeine Boykott wäre noch vor wenigen Jahrzehnten kaum ein durchführbares und wirksames Zwangsmittel gewesen. Heute steht das Staatenleben auf einer Entwicklungsstufe, wo er glatt durchführbar ist, sobald er ernstlich gewollt wird; wo er auch ein Zwangsmittel darstellt, das seinen Zweck mit einer Sicherheit und Gründlichkeit erfüllen dürfte, die auf etwaigen künftigen Schlachtfeldern auch der blutigste Waffensieg nicht erreichen würde. Der gemeinsam verhängte allgemeine Boykott ist das durch die Entwicklung der Menschheit erzeugte Organ, das heute mächtig genug ist, den Willen der völkerrechtlichen Gemeinschaft der Mitglieder des allgemeinen Staatenschutzvertrages gegebenenfalls zu erzwingen.

Etwaigen Einwänden gegenüber, daß die Verhängung des allgemeinen Boykotts erstens ebenso wie der Krieg ein Gewaltmittel sei und zwar ein ebenso grausames wie dieser, und zweitens ein zweischneidiges Schwert, das auch die die Aussperrung verhängenden Staaten selbst, die einen mehr, die anderen weniger empfindlich, schädigen würde, ist zu erwidern: wohl ist der gemeinsam verhängte allgemeine Boykott ein Gewaltmittel, grausam, und wohl ist er ein zweischneidiges Schwert. Aber erstens sind Boykott und Boykott zweierlei, und zweitens ist das „zweischneidige Schwert" das kleinere Übel der Alternative.

Einen Unschuldigen einkerkern, heißt ein Verbrechen begehen. Einen Raubmörder oder einen rasenden Geisteskranken einkerkern, heißt die Mitwelt schützen. Die Maßnahme ist beim Unschuldigen und beim Gemeingefährlichen dieselbe. Auf die Umstände kommt es an, unter denen die Maßnahme angewandt wird. Auch beim Boykott. Solange es Verbrecher und rasende Geisteskranke gibt, wird man sie zur Sicherheit der menschlichen Gesellschaft von dieser absperren müssen. Solange internationale Vergewaltigungsversuche gemacht werden, wird ihnen mit Gewaltmitteln begegnet werden müssen. Notwehr bedingt eben Gewalt und List. Der gemeinsam verhängte allgemeine Boykott ist lediglich ein, von sämtlichen hohen Mitgliedern des allgemeinen Staatenschutzvertrages zur eigenen Sicherung freiwillig vereinbartes Notwehrmittel. Es wird nur verhängt — und nur dann —, wenn eine Vertragsmacht, oder eine Gruppe von Vertragsmächten, vertragsbrüchig wird, um sie zu der Vertragstreue, zu der sich jede als freier Staat freiwillig verpflichtet hat, zu zwingen.

Der von der völkerrechtlichen Gemeinschaft der Mitglieder des allgemeinen Staatenschutzvertrags gemeinsam verhängte allgemeine Boykott ist also etwas ganz anderes als der Boykott, der dem Machtmißbrauch dient, den ein Staat oder eine Staatengruppe über einen andern Staat verhängen würde, um einen Druck auf ihn auszuüben, ihn zu schädigen und in selbstischer, das Urgesetz der Solidarität aller verletzender Weise die eigenen Interessen zu fördern. Solcher Mißbrauch des Boykotts ist allerdings schärfer zu verurteilen als der Krieg. Ein solcher Boykott ist ein feiges Verbrechen. Er ist eine mit der Entwicklung der Neuzeit drohend gewordene Gefahr, die dem Willen zur Vollkommenheit in seinem Kampfe um die Weltherrschaft ebenso verhängnisvoll werden kann, wie der Krieg. Daher wird sowohl in Art. 1 als in Art. 2 gefordert, daß der Boykott, der dem Machtmißbrauch dient, ganz so entschieden ausgeschaltet werde, als der Krieg. Der allgemeine Boykott als Notwehr- und Zwangsmittel im Dienst der überstaatlichen Vollzugsgewalt ist also nicht nur ein ander Ding als der Boykott des Machtmißbrauchs, er ist auch eine Waffe gegen diesen.

Die Waffe gegen den Boykott des Machtmißbrauchs und andere Vergewaltigung, das Zwangsmittel zur Vertragstreue, muß aber grausam sein, so grausam wie der Krieg, und zuverlässiger, wirksamer. Und das ist der Boykott des allgemeinen Staatenschutzvertrages. Der von allen vertragstreuen Mitgliedern boykottierte Staat wäre, wenn er auf seinem vertragswidrigen Versuch beharrte, verloren. Denn Neutrale gäbe es nicht.

Darum wird es jeder hohe Kontrahent des allgemeinen Staatenschutzvertrages bei der Lenkung seiner Staatsgeschäfte vermeiden, sich durch Vertragsbruch dem drakonischen gemeinsam verhängten allgemeinen Boykott auszusetzen. Dieser wird mehr als in der Eigenschaft des Notwehrgesetzes und Zwangsmittels in der Eigenschaft der Abschreckungsmaßnahme wirken. Seine abschreckende Wirkung wird mehr als seine strafende zur Geltung kommen. Ja, es dürfte zweifelhaft sein, daß es jemals nötig werden wird, das „zweischneidige Schwert" zu ziehen, den allgemeinen Boykott zu verhängen. Die Tatsache, daß die überstaatliche Vollzugsgewalt besteht, und daß sie ihr

Zwangsmittel gegebenenfalls schonungslos anwenden würde, wird fraglos die Wahrung der Vertragstreue sichern.

Und wenn doch der Fall einträte, daß die überstaatliche Vollzugsgewalt den allgemeinen Boykott verhängen müßte, so wäre das für die den Boykott verhängenden Staaten das kleinere Übel der Alternative. Zu den Schäden, die ein neuer Weltkrieg und, nicht zu vergessen, die Vorbereitung dazu, brächten, gar kein Vergleich. Denn die vertragstreuen Staaten könnten innerhalb der ihnen zugehörenden Wirtschaftsgebiete durch Verschiebungen und Anpassung einen Ausgleich ihrer gestörten Ein- und Ausfuhr usw. mit verhältnismäßiger Leichtigkeit herstellen. Auch darin hat der Weltkrieg geschult. Und — was von außerordentlicher Bedeutung ist — das Bereitsein zum allgemeinen Boykott bringt, anders als das Bereitsein zum Krieg, keine beständig wachsende jährliche Unfruchtbarmachung und glatte Vernichtung von Milliarden wirtschaftlicher und geistiger Werte mit sich. Der gemeinsam verhängte allgemeine Boykott ist ein Notwehr- und Zwangsmittel, das für jeden Staat eine unermeßliche Ersparnis wirtschaftlicher und geistiger Werte bedeutet.

2. Vereinte Waffengewalt.

Das andere in Art. 3 vorgeschlagene Zwangsmittel ist: Vereinte Waffengewalt der hohen Vertragsmitglieder.

Nur im äußersten Notfalle, nur dann, wenn die langsamer wirkende Abwehr des gemeinsam verhängten allgemeinen Boykotts nicht zweckentsprechend wäre, und die Lage sofortige militärische Abwehr geböte, würde mit vereinter Waffengewalt einzuschreiten sein. Da es, was auch hier betont sei, keine Neutralen gäbe, würde das Ringen, die Umzingelung, kurz. Und aller Wahrscheinlichkeit nach auch unblutig. Der Friedensstörer bezw. die Gruppe von Friedensstörern würde bald zur Vertragstreue gezwungen sein. Auch in bezug auf das Zwangsmittel der vereinten Waffengewalt darf angenommen werden, daß es abschreckend wirken wird.

Nicht ausgeschlossen ist selbstverständlich, daß gegebenenfalls auch beide Zwangsmittel gleichzeitig angewandt werden.

Durch entschlossene, rückhaltlose Anwendung der Zwangsmittel beim ersten — und bei jedem etwa folgenden — Treubruch wird ihre abschreckende Eigenschaft gesteigert werden, und es wird allmählich die bloße Tatsache ihres Bestehens den Staaten die Sicherheit ihrer territorialen Unversehrtheit, ihres innerpolitischen Selbstbestimmungsrechtes und ihrer Selbstvervollkommnungs-Entwicklung unbedingt verbürgen, den Weltfrieden dauernd erhalten. Auf die Willensentschließung der Staaten zum gemeinsamen Handeln allein kommt es an!

5. Zum Nebenabkommen.

Wortlaut wiederholt.

Nebenabkommen: Unabhängig vom Hauptvertrage verpflichten sich sämtliche vertragschließenden Staaten wechselseitig, nachstehende 2 internationalen und 5 nationalen Maßnahmen in tunlichst naher Zukunft durchzuführen:

I. internationale Maßnahme: Regelung der gesamten Weltwirtschaft nach dem Grundsatz der „offenen Tür".

II. internationale Maßnahme: Ausbau des internationalen Schiedsgerichtswesens, insbesondere Erweiterung des ständigen Haager Schiedshofes durch Angliederung von Berufungs- und Revisionsinstanzen.

I. nationale Maßnahme: Gleichberechtigung aller Nationalitäten.

II. nationale Maßnahme: Parlamentarisierung der auswärtigen Politik.

III. nationale Maßnahme: Schaffung und Anwendung strengster Strafgesetze gegen jede durch die Presse oder andere Mittel betriebene internationale Verhetzung und Verleumdung der Staaten.

IV. nationale Maßnahme: Verstaatlichung der Rüstungsindustrie.

V. nationale Maßnahme: Zunächst allgemeiner Rüstungsstillstand. Sodann fortschreitende Rüstungsverminderung in jedem hohen Vertragsstaate nach Maßgabe seiner besonderen Verhältnisse, sobald durch künftige weltpolitische Geschehnisse der von allen hohen Vertragsstaaten ratifizierte allgemeine Staatenschutzvertrag zur Sicherung des bleibenden Weltfriedens wird Proben bestanden haben, die die fortschreitende Abrüstung der Staaten rechtfertigen.

Zweck des Nebenabkommens.

Das hier unterbreitete Nebenabkommen hat den Zweck, für die im Hauptvertrage vorgeschlagene völkerrechtliche Neuordnung diejenigen Zustände zu schaffen, die diese Neuordnung erleichtern, schützen und fördern.

Warum ist das Nebenabkommen zunächst unabhängig vom Hauptvertrag abzuschließen?

Ein Zwangsmittel, wie es für den etwa eintretenden Notfall zur Wahrung der Vertragstreue in bezug auf den Hauptvertrag vorgesehen ist, wird für das Nebenabkommen zunächst nicht vorgeschlagen. Denn die Maßnahmen des Nebenabkommens sind teils innerstaatlicher Natur, teils so fließender Art, daß ein durch eine überstaatliche Vollzugsgewalt anzuwendendes Zwangsmittel zunächst weniger zweckdienlich erscheint, als das die Ehrfurcht vor dem uneingeschränkten innerpolitischen Selbstbestimmungsrecht der hohen Vertragschließenden wahrende Vertrauen in ihren guten Willen zur Vertragstreue und in ihre innerpolitische und bezw. gemeinsame Macht, mittelst Durchführung der Maßnahmen des Nebenabkommens ihren guten Willen in die Tat umzusetzen.

Sollte im Laufe kommender Geschehnisse es sich zeigen, daß die Staatsgewalt der einzelnen hohen Kontrahenten gegenüber widerstrebenden Interessentengruppen die ausreichende Macht zur Durchführung der Maßnahmen nicht besitzt, und dadurch der Hauptvertrag des öfteren verletzt wird, dann wird die aus den Mitgliedern des allgemeinen Staatenschutzvertrages sich zusammensetzende völkerrechtliche Gemeinschaft der Staaten ihre überstaatliche Vollzugsgewalt auch auf das Nebenabkommen erstrecken und das Nebenabkommen durch Bereitstellen der im Hauptvertrag vorgesehenen überstaatlichen Zwangsmittel ergänzen müssen.

Zur ersten internationalen Maßnahme.
Der Grundsatz der „offenen Tür".

Um die gesamte Weltwirtschaft auf den Grundsatz der „offenen Tür" zu Land, zu Wasser und in der Luft einzustellen, werden allmählich alle Schutz- und Sperrzölle, Monopole, kurz, alle wirtschaftlichen Vorrechte, die ein Staat auf Kosten der Mitstaaten genießt, abzuschaffen sein. Nicht plötzlich oder sprunghaft, sondern systematisch, jedoch mit tunlicher Beschleunigung. Es werden Übergangsmaßnahmen zu schaffen sein, die den Arbeitern und dem Kapital in Landwirtschaft, Fischerei, Bergbau, Industrie und Handel Zeit lassen, sich anzupassen. Alles was an selbstischen Einrichtungen den freien Wettbewerb hemmt, wird planmäßig beseitigt werden müssen. Als das den freien Wettbewerb regelnde Grundgesetz wird anzuerkennen und unter allen Umständen zu wahren sein: das Gesetz der Solidarität aller. Und die tunlichst ungesäumte und weitgehende Befolgung des Grundsatzes der „offenen Tür" im Rahmen des Gesetzes der Solidarität aller wird jedem Staate unermeßlichen wirtschaftlichen Gewinn bringen und die von der Staatsklugheit gebotene Vermeidung von Anlässen zur Anrufung internationaler Schiedsgerichte erleichtern.

Zur zweiten internationalen Maßnahme.
Internationale schiedsgerichtliche Berufungs- und Revisionsinstanzen.

Die Geschichte des internationalen Schiedsgerichtswesens weist keinen Fall auf, wo sich die Staaten einem bindenden Schiedsspruch schlechthin nicht gefügt hätten. Doch wie bereits oben gesagt worden ist, ist es wichtig, daß die Bürgschaft für die Gerechtigkeit der internationalen Schiedssprüche auf die Höhe des Menschenmöglichen gerückt werde, um das Vertrauen zu internationalem Schiedsgerichtsverfahren zu stärken und zu mehren. Dazu gehört fraglos der Ausbau des ständigen Haager Schiedshofes. Bis jetzt ist diesem keine Berufungs- und keine Revisions-Instanz angegliedert. Man stelle sich analoge Lücken auf den andern Gebieten des Rechtswesens vor, und die Dringlichkeit der zweiten internationalen Maßnahme des Nebenabkommens, die die Einrichtung internationaler schiedsrichterlicher Berufungs- und Revisions-Instanzen fordert, wird sich ohne weiteres dartun.

Zur ersten nationalen Maßnahme.
Gleichberechtigung aller Nationalitäten.

Die erste nationale Maßnahme fordert die Gleichberechtigung aller Volksstämme, die in einem Staatengebilde vereinigt sind. Mit der Durchführung dieser Maßnahme wird in allen Staaten jener gährenden, lauernden Unzufriedenheit, die stets die Folge ungerechter, die Urrechte der Menschen verletzender Behandlung ist und sein wird, und den daraus entstehenden Übeln und Schäden ein Ende bereitet werden. Wenn jedem Volksstamme freie Bahn zur Entfaltung seiner Eigenart zugestanden wird, wird die Frage, welchem Staatengebilde eine Minorität angeschlossen ist, viel von ihrer Bedeutung und Schärfe verlieren. Mehr als wohl irgend eine der anderen, wird die Verwirklichung dieser Maßnahme dazu beitragen, daß die krankhaften Verhältnisse, die vielfach zwischen Staatsgewalt und Volksteilen noch bestehen, gesunden Zuständen Platz machen und daß die internationalen Mißstände, die die Vergangenheit uns vererbt hat, sich klären und allmählich verschwinden werden.

Zur zweiten nationalen Maßnahme.
Parlamentarisierung der auswärtigen Politik.

Die Parlamentarisierung der auswärtigen Politik, wenn sie in allen Staaten ohne Ausnahme erfolgt — und anders ist sie nicht zweckmäßig — wird größere Gewähr als seither möglich war, dafür schaffen, daß verhängnisvolle Mißverständnisse, Fehler und Überstürzungen verhütet werden. Was bei Geheimverfahren und durch einige wenige, auch wenn sie die besten und fähigsten Menschen sind, leicht versehen und übersehen werden kann, entzieht sich weniger leicht der Beachtung, wenn Diplomatie und Volksvertretung gemeinsam beraten und die Beschlüsse vor dem Forum der Öffentlichkeit gefaßt werden. Wo Wohl und Wehe nicht bloß eines Einzelmenschen, sondern ganzer Staaten mit Millionen von Einzelmenschen auf dem Spiele steht, ist es nach beiden Seiten hin billig, die Erfahrung und Meinung, die Ideen und den Willen der Millionen mitbestimmen zu lassen und sie mitverantwortlich zu machen. Das wird in jedem Staate dazu beitragen, daß das Volk politisch reifer wird, besonders auch in bezug auf die Außenpolitik; und bei etwaigem territorialem Äquivalentenaustausch, wie er im Hauptvertrag vorgesehen ist, werden die in Mitleidenschaft gezogenen Bevölkerungen das Mittel in der Hand haben, dafür zu sorgen, daß unter keinen Umständen ein Wechsel ihrer Staatszugehörigkeit gegen ihren Willen herbeigeführt wird. In welcher Form im einzelnen die Mitbestimmung und Mitverantwortung des ganzen Volkes in der auswärtigen Politik einzurichten ist, muß in jedem Staate von dessen besonderen Verhältnissen diktiert werden, ist jedes Staates eigene Angelegenheit.

Zur dritten und vierten nationalen Maßnahme.
Strafgesetze gegen internationale Verhetzung;
Verstaatlichung der Rüstungsindustrie.

Durch die Schaffung und Anwendung strengster Strafgesetze gegen jede durch die Presse oder andere Mittel betriebene internationale Verhetzung und Verleumdung einesteils, und andernteils durch Verstaatlichung der Rüstungsindustrie wird der allzu verlockenden, in der Kriegsmöglichkeit liegenden Versuchung zum verhängnisvollsten allen Machtmißbrauchs ein Riegel vorgeschoben werden. Dieser Riegel wird um so wirkungsvoller sein, mit je mehr Entschlossenheit und Schonungslosigkeit sämtliche Staaten Strafgesetze gegen Völkerverhetzer und -verleumder schaffen und handhaben, und je ungesäumter und durchgreifender die Rüstungsindustrie überall verstaatlicht wird.

Zur fünften nationalen Maßnahme. Abrüstung.

Als fünfte nationale Maßnahme wäre zunächst ein allgemeiner Rüstungsstillstand durchzuführen. Dieser und die Verwirklichung der 2 internationalen, wie der 4 anderen nationalen Maßnahmen des Nebenabkommens werden der völkerrechtlichen Neuordnung, wie sie im Hauptvertrag vorgeschlagen wird, den Weg ebnen, sie stärken und fördern. Ist dann einmal diese Neuordnung gefestigt, so wird als logische Folge sich ergeben, daß die hohen Vertragsstaaten ganz von selbst abrüsten werden. Denn die Kriegsrüstung ist nur unter gewissen Umständen, und auch dann nur zum Teil, Ursache des Krieges, nämlich solange die Rüstungsindustrie in den Händen Privater ist. Wird sie überall verstaatlicht, so hört die Rüstung auf, Ursache mit zu sein und bleibt, was sie ihrem eigentlichen Wesen nach ist, eine Folgeerscheinung der Kriegsmöglichkeit, des Fehlens zuverlässigen Schutzes der staatlichen Selbsterhaltungsgüter und Selbstvervollkommnungsinteressen. Es hieße das Haus mit dem Dach beginnen wollen, forderte man die Abrüstung als Vorbedingung der weltpolitischen Neuordnung. Neben der Logik ist zu bedenken, daß mit keinem menschlichen Neuerungsplan von weltumfassender Tragweite als unfehlbar gerechnet werden sollte, bis seine Unfehlbarkeit erprobt worden ist. Darum dürfte es jeder hohen Vertragsmacht wünschenswert sein, die internationale Neuordnung erst erprobt zu sehen. Jede künftige realpolitische Tatsache, die einwandfrei beweist, daß der allgemeine Staatenschutzvertrag zur Sicherung des bleibenden Weltfriedens die Kriegs- und jede andere internationale Vergewaltigungsmöglichkeit ausgelöscht hat, wird jedem Staate ein, bei verstaatlichter Rüstungsindustrie keine Schwierigkeiten verursachender, willkommener Anlaß werden, seine Kriegsrüstung zu vermindern, die Schuldenlast, die der Weltkrieg ihm aufgebürdet, mit dadurch abzubauen, daß er jene, in der wertevernichtenden Rüstungsindustrie angelegten Unsummen von Kapital hinüberleitet in Bahnen lebenerhaltender und lebenvervollkommnender Werte und deren Vervielfältigung. Dazu wird kein gleichzeitig und gleichmäßig durchzuführendes, allgemeines Abrüstungsschema nötig sein. Das wird jeder Staat, der auf seine gesunde Machtentwicklung, d. h. auf seine Selbstvervollkommnung, bedacht ist, und das ist durch seinen Selbstvervollkommnungstrieb letzten Endes jedes lebensstarke Staatengebilde, ganz von selbst tun ohne Mißtrauen und Spionagewesen nährenden Zwang von außen. Auf diese Weise werden die Völker um so sicherer ganz und auf immer von dem Joche der Rüstungslasten befreit werden. Der scheinbar etwas längere Weg dahin wird sich als der kürzere erweisen.

Die zwei Parteien jedes Staates.

Gefahren politischer und wirtschaftlicher Art, die die Staaten bei der Durchführung des allgemeinen Staatenschutzvertrages bedrohen würden, gibt es keine. Widerstand leisten wird allein der Wille zum Machtmißbrauch, welcher Träger in allen Staaten hat. Denn wie zwei Seelen in jeder Brust wohnen, so bewohnen im Grunde zwei Parteien die Erde, und nur zwei. Es mag in jedem Staate verschiedenerlei politische Parteien, Verbände, Stände, Klassen, Berufe, Religionen, Sekten und Freimaurer, es mag Interessenkreise der mannigfachsten Art geben, letzten Endes sind alle, die ihnen angehören, entweder anständige Menschen, oder anstandswidrige Selbstlinge, gemeinschädliche Schmarotzer, entweder Machtveredler oder Machtmißbraucher. „Von beiden hat jeder Staat sein Teil" [1]. Unterschiede bestehen nur im jeweiligen Zahlen- und Klugheitsverhältnis.

Ob daher die Staaten unmittelbar im Anschluß an die den Weltkrieg beendenden Friedensverhandlungen die Dritte Haager Friedenskonferenz einberufen und zur Vereinbarung und Ratifikation des allgemeinen Staatenschutzvertrages schreiten, auf seiner Grundlage den Völkerbund zur Sicherung des bleibenden Weltfriedens schaffen werden, und ob dieser sich im Laufe einer kommenden Probezeit bewähren wird, wird davon abhängen, ob im Innern eines jeden Staates die Partei der Machtveredler im Kampfe gegen die Partei der Machtmißbraucher sich jetzt die Oberhand erringt und behält.

Geschieht dies nicht, so wird das grausige Schauspiel sinnloser Abwechselung zwischen einem von Fanatismus und Verbrechen durchseuchten Waffenstillstand und einem alles an dagewesenen Foltern übersteigenden Weltkrieg sich fortsetzen. Und bis sich einst unsere gemarterten Nachkommen doch zu einem allgemeinen Staatenschutzvertrag aufraffen werden, wird für die Menschen unsere wonnig schöne Erde eine Hölle bleiben.

---

[1] „The World-Petition to Prevent War between Nations. A Paper written for the National Brotherhoods of Great Britain by Anna B. Eckstein 1911, National Brotherhood Council, 37 Norfolk Street, London, W C."

Gewinnt hingegen die Partei der Machtveredler jetzt in allen Staaten die Führung und behält sie, dann ist sichere Aussicht auf Vereinbarung eines allgemeinen Staatenschutzvertrages, der sämtliche Völker zu einem Völkerbund vereinigt und den Weltfrieden bleibend sichert, geschaffen. **Und diese Aussicht auf eine politische Zielsetzung der Staaten, die mit friedlichen, durch Äquivalentenaustausch herbeigeführten Veränderungen der Weltkarte nach dem Weltkrieg rechnet und dieselben fördert, so daß die internationalen Mißstände, die uns die Vergangenheit als Erbe hinterlassen hat, und die durch den Friedensschluß am Ende des Weltkriegs etwa nicht beseitigt wurden, wird fraglos bereits die den Weltkrieg abschließenden Friedensverhandlungen beschleunigen und erleichtern.**

Mit der Ratifikation des allgemeinen Staatenschutzvertrages zur Sicherung des bleibenden Weltfriedens werden sich die Staaten der Erde die weltpolitische Pforte geöffnet haben, durch welche sie hindurch müssen, wenn der Kampf um die Verwirklichung des Ideals der Vollkommenheit, der Glückseligkeit und Schönheit auf Erden Aussicht auf Erfolg haben, wenn das Reich Gottes auf Erden kommen soll: eine Gesellschaftsordnung, in der die Einzelmenschen und Staaten keine Sklaven des Machtmißbrauches, der Vergewaltigung, des Krieges mehr sind, sondern Freunde und Freie alle, keine Stümper mehr, sondern Künstler des Zusammenlebens, jeder auf seinem Posten im Symphonie-Konzert der schaffenden Menschheit.

DRITTES KAPITEL.

Umriß der Geschichte des Entwurfs zu einem allgemeinen Staatenschutzvertrag zur Sicherung des bleibenden Weltfriedens.

1. Petition an die Zweite Haager Friedenskonferenz 1907.

Im Winter vor der Zweiten Haager Friedenskonferenz hatten sich die Mitglieder des Direktoriums der amerikanischen Friedensgesellschaft, das sich seit 1912 in Washington D. C. befindet, damals aber noch in Boston Mass., seinen Sitz hatte, in verschiedene Kommissionen gruppiert. Jeder dieser Kommissionen war durch gemeinsames Übereinkommen ein bestimmtes Propagandagebiet zugeteilt. Ich war eines der drei weiblichen Mitglieder des Direktoriums und gehörte der „Gesellschafts-Kommission" an. Dieser lag es ob, in den führenden Kreisen der Bostoner Gesellschaft Interesse und Verständnis für die herannahende Zweite Haager Friedenskonferenz zu erwecken. Durch Beziehungen, die ich als Schulleiterin in Boston hatte, erreichte ich u. a., daß man seinen Bekanntenkreis zu Vorträgen über die Zweite Haager Friedenskonferenz zu sich lud und dazu seine Gesellschaftsräume vorübergehend in Hörsäle verwandelte, oder auch bei größeren Hausgesellschaften kurze Darlegungen über die Haager Friedenskonferenz mit musikalischen Darbietungen abwechseln ließ. Im großen und ganzen zeigte sich bei den Zuhörern lebhaftes Interesse. Da kam mir der Gedanke, diese Anteilnahme festzuhalten in der Form von Unterschriften unter eine an die Zweite Haager Friedenskonferenz gerichtete Petition.

Ich verfaßte also eine kurze Denkschrift zugunsten friedlicher Beilegung internationaler Streitigkeiten, und nachdem Hon.

Robert Treat Paine, der langjährige Präsident der amerikanischen Friedensgesellschaft, Dr. B. Trueblood, der Generalsekretär, die unermüdlichen Friedensfreunde Herr und Frau Edwin D. Mead und andere Mitglieder des Direktoriums als die ersten die Petition unterzeichnet hatten, warb ich fortan Unterschriften und Mitarbeiter nicht nur bei allen Veranstaltungen, die durch unsere „Gesellschafts-Kommission" veranlaßt wurden, sondern überall, wo sich Gelegenheit bot. Bald mußte ein neues Tausend von Petitionsbogen nach dem andern gedruckt werden. Anfragen um Zusendungen von Petitionsbogen liefen aus allen Staaten der Union vom Atlantischen bis Stillen Ozean ein. Ermutigt durch diese Zustimmung in den Vereinigten Staaten, erbat ich, noch wenige Wochen vor Eröffnung der Zweiten Haager Friedenskonferenz, die Mitarbeit deutscher, britischer und französischer Gesinnungsfreunde. Die Zeit von vier Uhr morgens bis zum Beginn der Schulstunden wurde täglich der Petition gewidmet. Aber am 4. Juli 1907 konnte auch dem Präsidenten der Zweiten Haager Friedenskonferenz, Exzellenz Nélidow, die Denkschrift mit rund einer Million Unterschriften durch Hon. Robert Treat Paine und mich im Haag überreicht werden.

Aus der deutschen Sammelstelle, die der Schriftsteller Herr Fritz Decker in Köln a. Rh. eingerichtet hatte, waren 58145 Unterschriften; aus der englischen, von Herrn W. A. Appleton, dem Generalsekretär der britischen Gewerkschaften, geleiteten 151 884, und durch den schottischen Geistlichen, Herrn Dr. Walter Walsh in Dundee 5641 dazu gekommen. (Für Berichte siehe u. a. „Courrier de la Conférence de la Paix" vom 5. und 14. Juli 1907.)

2. Weltpetition zur Verhütung des Krieges zwischen den Staaten. An die hohen Regierungen der bei der Dritten Haager Friedenskonferenz vertretenen Staaten.

Der durch die zahlreichen Unterschriften sich bekundende Friedenswille der Völker, sowie die Unterredung, die ich bei Überreichung der Petition mit Exzellenz Nélidow hatte, reiften in mir den Entschluß: Es muß in sämtlichen Staaten der Erde, nicht nur in einigen, über die Kernfragen der völkerrechtlichen Friedenssicherung eine Art Welt-Referendum veranstaltet, und das Ergebnis dieser Völkerabstimmung den hohen Regierungen, die auf der Dritten Haager Friedenskonferenz würden vertreten sein, unterbreitet werden. So verfaßte ich die „Weltpetition zur Verhütung des Krieges zwischen den Staaten. An die hohen Regierungen der bei der Dritten Haager Friedenskonferenz vertretenen Staaten".*)

Zweck der Weltpetition.

Bezwecken sollte die Weltpetition dreierlei: Sie sollte 1. den Kernpunkt des Problems der Friedenssicherung — Definition und völkerrechtlichen Schutz der nationalen Lebensinteressen — in den Vordergrund des allgemeinen Interesses rücken; 2. ein Propagandamittel unter allen politischen Parteien und Religionen, Gesellschaftsklassen und Ständen aller Staaten sein; 3. auf der Dritten Haager Friedenskonferenz eine Art Volksvertretung bilden: Meinung und Willen der vielen Millionen Regierten sollten bei den gemeinsamen Beratungen und Beschlüssen der Regierenden mit ins Gewicht fallen.

Beschränkung der Propaganda wegen Mangels an finanziellen Mitteln.

Als es mir nicht gelang, für meinen Plan den rechten Mann zu finden, bezw. eine finanzkräftige Organisation mit geeigneter

---

*) Die Weltpetition lautet: In der Überzeugung, daß die Sicherung der internationalen Interessen durch Verträge und gegebenenfalls durch Schiedsspruch das Bedürfnis zu den Rüstungen verringern und infolgedessen eine allmähliche Rüstungsverminderung und damit eine Besserung der wirtschaftlichen und politischen Lage der Völker herbeiführen wird, in der Absicht, den Hohen Regierungen für die in dieser Richtung bereits getanen Schritte unsern Dank zu bekunden und weiteres gemeinsames Vorgehen zu unterstützen, beantragen wir, die Unterzeichneten, Angehörige der verschiedenen Staaten der Erde, ehrerbietigst und dringend, es möchten auf der Dritten Haager Friedenskonferenz Konventionen abgeschlossen werden, kraft deren sich sämtliche Haager Signatarmächte verpflichten, etwaige Veränderungen am Statusquo der Autonomie und des territorialen Besitzstandes der Staaten ausschließlich durch Verträge herbeizuführen, welche unter freiwilliger Zustimmung aller am gegebenen Fall beteiligten Staaten abgeschlossen werden; ferner auch alle anderen internationalen Interessen tunlichst durch Verträge zu sichern und Streitigkeiten, die nicht im Wege diplomatischer Unterhandlungen beigelegt werden, einem zur Wahrung des Statusquo der Autonomie und des territorialen Besitzstandes der Staaten verpflichteten internationalen Schiegsgerichte zu unterbreiten.

Geistesrichtung, (ich hatte u. a. wiederholt an Hon. Andrew Carnegie geschrieben, die Briefe waren ihm aber nicht unterbreitet worden, wie er mir Ende Mai 1914 an Bord des Dampfers „Oceanic" sagte, nachdem er mich vorwurfsvoll gefragt hatte, warum ich ihm denn nicht zu Anfang meines Unternehmens Mitteilung darüber gemacht hätte) entschloß ich mich, persönlich die Sache in die Wege zu leiten und so gut es ginge an der Ausführung des Planes zu arbeiten, bis Hilfe kommen würde. Daß außerordentliche Geldmittel zur Durchführung eines derartigen weltumfassenden Unternehmens gehören, ist klar. Die Einkünfte und Ersparnisse einer Schulleiterin reichten dazu nicht aus. Zumal die Ersparnisse bereits durch die der Zweiten Haager Friedenskonferenz unterbreitete Petition stark mitgenommen waren. Meine Berufsausübung ließ wenig Zeit und Kraft für andere Dinge übrig. Notgedrungen beschränkte ich mich darum mit der Unterschriftensammlung für die Weltpetition zunächst, also vom Winter 1907 an, auf die Vereinigten Staaten von Nordamerika.

Finanzielle Unterstützung durch Herrn und Frau Edwin Ginn-Boston, Mass.

Das Jahr 1909 brachte finanzielle Hilfe. Der Chef des College- und Universitätsbücherverlags Ginn & Co., Boston, Mass., Herr Edwin Ginn, mit dem ich durch pägagogisch-literarische Tätigkeit in Beziehung stand, erbot sich gemeinschaftlich mit seiner Gemahlin, und aus eigenem Antrieb, dem Weltpetitionsunternehmen eine Geldunterstützung zufließen zu lassen.

Die Propaganda in Europa.

Nun begann ich nach einer kurzen Propagandareise in Kanada, wo in Toronto eine Unterschriften-Sammelstelle eingerichtet wurde, meine Werbetätigkeit in Europa. Hier war es Jena, wo meine ersten kurzen Darlegungen über Sinn und Zweck der Weltpetition stattfanden, und zwar im Sommer 1909 im Rahmen der von den Herren Professoren Dr. W. Rein, Hofrat Dr. W. Detmer und D. Heinrich Weinel geleiteten Universitäts-Ferienkurse, die ich bereits in früheren Jahren als Hörerin besucht hatte. Dann folgten, in den meisten Ländern wiederholt, längere Vortragsreisen in Dänemark, Deutschland, in der Schweiz, in Österreich-Ungarn, Schweden, England, Schottland, Wales, Irland, Belgien, Holland, Frankreich. Überall wurden Sammelstellen für Unterschriften zur Weltpetition eingerichtet. Außer in den genannten wurden aber auch in anderen Ländern Unterschriften gesammelt. So vor dem italienisch-tripolitanischen Kriege mehrere Hunderttausend in Italien unter der Leitung des 1913 verstorbenen Gelehrten, Grafen Angelo de Gubernatis in Rom. In Norwegen sammelte man. Aus der Türkei liefen Unterschriften ein. In Algier, Australien und Neuseeland und in Japan bekundete sich lebhaftes Interesse. In England studierende junge Chinesen haben aus eigenen Mitteln Weltpetitionsbogen in chinesischer Sprache in ihrem Vaterlande verbreitet und Unterschriften gesammelt.

Schwierigkeiten.

Die Schwierigkeiten allerdings, die sich fortgesetzt dem Weltpetitionsunternehmen entgegenstellten, waren Legion. Natürlich — denn das Beharrungsgesetz machte hier keine Ausnahme — mußte, wie bei allen Neuerungsversuchen, erst recht bei diesem auf eine so einschneidende Wendung der Weltpolitik abzielenden, gegen Vorurteile und Gleichgültigkeit angekämpft werden. Dazu gesellte sich anderes. Es standen die verfügbaren Geldmittel in keinem Verhältnis zu dem Umfang der Sache. Und jenes Hemmnis, das in der Amfortaswunde des weltpolitischen Machtmißbrauchs mit seiner Ausnutzung der elsaß-lothringischen Frage, der Polenfrage u. ä. lag, gähnte dem Unternehmen entgegen abgrundtief.

Die Aufnahme, die den in der Weltpetition enthaltenen Ideen in den verschiedenen Ländern zuteil wurde.

1. Die düstere Seite des Bildes.

Zwei Seiten, eine düstere und eine lichte, hat denn auch manchmal das Bild, das sich von der Aufnahme ergab, die den in der Weltpetition unterbreiteten Ideen in den verschiedenen Ländern zuteil ward. Es seien nur einige Andeutungen von der düstern Seite gemacht.

Im pazifizistischen Lager selbst bestanden Gegensätze in der Beurteilung der Weltpetition. Eine Zuspitzung dieses Widerstandes drohte bereits durch die Stellungnahme einiger der französischen Delegierten auf dem vom 1.—5. August 1910 tagenden 18. Weltfriedenskongreß in Stockholm. Sie wurde damals verhütet einesteils durch den feinen Takt des Vorsitzenden des Kongresses, des Herrn Baron Karl Bonde, andernteils durch eine von dem vortrefflichen französischen Friedensfreund, Herrn Dr. Paul Allégret, eingebrachte und von der Mehrheit angenommene versöhnende Entschließung, und dadurch, daß ich darauf verzichtete, meine in den Kommissionssitzungen gemachten Ausführungen*) in der Plenarsitzung darzulegen. Die von Herrn Allégret eingebrachte Entschließung lautet: „Le congrès renouvelle l'expression de sa sympathie pour la pétition mondiale actuellement mise en circulation et invite tous les amis de la paix à s'associer à cette entreprise. Il attire l'attention des Gouvernements sur l'importance de cette commune manifestation mondiale, qui prouve que les peuples attendent de la Troisième Conférence de la Haye de nouveaux progrès positifs vers l'arbitrage total, permanent et obligatoire". Um der Einigkeit willen blieb also auf dem Stockholmer Kongreß, außerhalb der Kommissionssitzungen, der Kernpunkt der Weltpetition: die Frage der Grundlage, auf welcher „de nouveaux progrès positifs vers l'arbitrage total, permanent et obligatoire" sich aufbauen sollten, die Frage der Definition und Sicherung der nationalen Lebensinteressen, unerörtert.

Langwierig und peinlich waren in der Folgezeit die Verhandlungen, die zum Zwecke einer in Frankreich einzuleitenden Unterschriftensammlung für die Weltpetition zwischen der Pariser Zentrale der französischen Pazifizisten und mir gepflogen wurden. „Six fois, dans le courant de l'année 1911, la délégation permanente des sociétés français de la paix s'est occupée de la pétition Eckstein," ruft in einem feindseligen „Une Pétition contre la Justice internationale" überschriebenen Artikel des

---

*) Zum Teil in dem vom Organisationsausschuß des 18. Weltfriedenskongresses 1910 in Stockholm veröffentlichten „Leitgedanken zu den Vorträgen" gedruckt.

Pariser „Radical" vom 22. April 1912 ein „Ancien député de Paris", entrüstet aus, nachdem gleichwohl, **dank der entschlossenen Arbeit der vorurteilsfreien, ernsten Friedensfreunde Frankreichs** dort eine alle Erwartungen übersteigende, erfolgreiche erste Vortragsreise meinerseits durchgeführt worden war. Oder wohl gerade deshalb. Unverschleiert wird in jenem Artikel des „Radical" der Punkt genannt, um den der Widerstand sich dreht: „Le traité de Francfort". Man behauptete, der Weltpetitionsantrag verlange eine starre Festlegung des territorialen Statusquo für alle Zukunft und fordere den Verzicht auf „revendication" und „réparation", die Entsagung jeder Hoffnung auf eine Revision des Frankfurter Vertrags. Es ist ein Widerstand gegen „le formidable mouvement", wie das Weltpetitionsunternehmen in einem anderen Artikel des „Radical" vom 26. April 1912 genannt wird, der den Verfasser desselben am Schlusse seines langen, durch Entstellungen und Verdächtigungen seine Landsleute gegen die Weltpetition aufstachelnden Erörterungen zu dem Satze hinreißt: „Le pacifisme français ne marchera pas, non plus le pacifisme universel". Und um ihrer Prophezeiung zur Verwirklichung zu verhelfen, entfalteten in der Tat die Verfasser der Artikel und ihre Anhänger eine die Werbearbeit für die Weltpetition vielfach schädigende, vor keinem Mittel zurückschreckende Betriebsamkeit, auf die hier näher einzugehen jedoch zu weit führen würde.

Etwas Unheimliches hatte für mich eine im Winter 1911 in London erlebte kleine Episode, eben weil in London erlebt: Wie es bei dem damals in weiten Kreisen Großbritanniens herrschenden hingebungsvollen Interesse für die Weltfriedenssicherung öfters geschah, hatte man seine zahlreichen Bekannten zu einem in seinen Gesellschaftsräumen stattzufindenden Vortrag von mir (drawing-room meeting) eingeladen. Der Veranstaltung voraus ging ein Festessen in kleinerem Kreise. Es sollte so zu der Sache etwa nützlichen Unterredungen Gelegenheit gegeben werden. Mein einer Tischnachbar war ein Liberaler des Unterhauses. Gelassen beharrte er gegenüber allen meinen Begründungen der Durchführbarkeit und Dringlichkeit des völkerrechtlichen Schutzes der staatlichen Lebensinteressen im Sinne des Weltpetitionsantrages bei der Erwiderung, erst müsse Deutschland sein Unrecht, das es mit der Annexion Elsaß-Lothringens begangen habe, wieder gut machen.

In Deutschland, wo das Gespenst der Einkreisung die Gemüter befangen hielt, glaubten, außerhalb der Kreise der Friedensfreunde, viele nicht recht an die Möglichkeit einer Gesundung der internationalen Politik. Nicht daß dieser Skeptizismus auf Deutschland allein beschränkt gewesen wäre. Er war in anderen Ländern auch verbreitet. Aber die Idee der Einkreisung hatte ihn in Deutschland vertieft. Man wollte abwarten.

Wunderliche Ausflüchte förderten selbst die Vereinigten Staaten von Nord-Amerika, in deren Verfassung das Wort von der „Regierung für das Volk, durch das Volk" (for the people, by the people) steht, zu Tage. Ein Beispiel: Ein Herr, der in Washington D. C. die Leitung eines mit reichen Geldmitteln ausgerüsteten Büros für menschenfreundliche Arbeit besorgte, verweigerte Anfang 1914 die Mitarbeit bei der Unterschriftensammlung zur Weltpetition. Nicht etwa, weil er als Jurist den in derselben enthaltenen Vorschlag nicht gut geheißen hätte, sondern weil es zwecklos sei, Verständnis bei den Bevölkerungen zu schaffen, da Kundgebungen des Volkswillens ohne jeden Einfluß auf die Regierungen seien. Die einzige Methode, durch welche bei den Regierungen pazifistische Schritte erzielt werden könnten, sei, daß einzelne einflußreiche Leute diejenigen Persönlichkeiten, die die Macht in Händen haben, bearbeiteten. So habe er beispielsweise veranlaßt, daß dem Staatssekretär des Äußeren gewisse Vorstellungen gemacht worden seien. Im Handumdrehen sozusagen habe die Sache geklappt, und die Königin von Holland werde in den nächsten Tagen an sämtliche Haager Signatarmächte eine Einladung zur Dritten Haager Friedenskonferenz ergehen lassen. In der Tat gingen auch bald darauf einige ziemlich verworrene Artikel über eine, dank amerikanischer Initiative, demnächst zu erwartende Einberufung der Dritten Haager Friedenskonferenz durch die Washingtoner Presse.

2. Die lichte Seite des Bildes.

Zwei Seiten hat ja indessen das Bild, das sich aus der Umfrage über die Stellungnahme zu dem Vorschlag, den die Weltpetition enthielt, ergab. Wenden wir uns nunmehr der lichten Seite zu.

Achtunggebietend in einem Grade wie weniges, was zur Verwirklichung der in der Weltpetition vorgeschlagenen Idee bisher geschehen ist, war die Haltung und Mitarbeit der vorurteilsfreien Friedensfreunde Frankreichs. Sie hatten es, wie bereits erwähnt, trotz des heftigen und zähen Widerstandes ihrer revisionistischen Kollegen, durchgesetzt, die Unterschriftensammlung für die Weltpetition zu organisieren. In Paris und Nimes wurden die Hauptsammelstellen für Frankreich eingerichtet. Und zwar unter der Leitung der Herren Frédéric Passy, Prof. Charles Richet, Prof. Th. Ruyssen, Dr. Paul Allegret, A. Laune, Dr. J. Prudhommeaux, Staatsanwalt Jacques Dumas, Dr. J. L. Puech und Frau M. J. Puech. Im Winter und Frühjahr 1912 wurden Vortragsversammlungen, wo ich den Weltpetitionsantrag begründete und um Unterschriften warb, in den folgenden Städten veranstaltet: Paris, Guise, Clermont-Ferrand, Lyon, Nimes, Pau, Montauban, Nantes, Niort, Parthenay, La Rochelle, Beauvais, Rouen, Bourges, Dun-sur-Auron, Angoulême, Bordeaux, Limoges. Wie richtig die Veranstalter die Gesinnung ihrer Landsleute eingeschätzt hatten, zeigte der Verlauf dieser Vortragsreise. Überall waren für die Versammlungen Säle öffentlicher Gebäude, wie die der Rathäuser, Universitäten, Schulen, Börsen, Präfekturen, auch Kirchen, zur Verfügung gestellt. Die Versammlungen waren fast ausnahmslos stark besucht. Vertreter der Behörden führten häufig den Vorsitz. Man muß es mit erlebt haben, mit welchem Ernste und welch warmer Sympathie die Zuhörer den zuweilen 1½ Stunden langen, wenn auch freien, doch im Französisch der Ausländerin dargelegten Ausführungen folgten; wie man am Schluß der Versammlung sich um die Weltpetitionsbogen drängte, um sie mit nach Hause zu nehmen und im Bekanntenkreise zu verteilen und unterzeichnen zu lassen. Man muß den vielen in die Augen geschaut, ihren Händedruck empfunden haben, wenn sie einem nach einem Vortrag mit bewegter Stimme ein paar schlichte Worte sagten wie „merci Madame" oder „vous êtes une vaillante", muß die Fülle begeisterter und anmutiger Kundgebungen ihrer Freude über das Unternehmen empfangen haben; muß sich vergegenwärtigen, was es z. B. bedeutet, wenn, wie es geschah, französische Studenten ihre Osterferien dazu benutzten, um Werbevorträge für die Weltpetition zu halten; kurz, man muß den Pulsschlag jener einen der zwei Volksseelen Frankreichs gespürt haben und man wird, wenn es auch den revisionistischen Pazifizisten gelungen ist, manches, was während der Vortragsreise aufgebaut worden war, wieder zu zerstören, und was auch sonst kommen mochte und mag, unerschütterlich festhalten am Glauben an eine hehre Zukunft der Partei der Machtveredler in Frankreich, und ihren Anhängern gegenüber erfüllt bleiben von Achtung und tiefer Dankbarkeit. Von einer zweiten französischen Propagandareise, die vorbereitet war, aber durch den Zusammenbruch meiner Gesundheit verhindert wurde, durfte ich noch viel wertvolle Zustimmung zur Weltpetition erhoffen. So war mir u. a. die Unterstützung Jaurès gewiß. Dieser heldenhafte Kämpfer und selbstlose, warmherzige Mitmensch hatte mir schon in London gelegentlich der am 10. Dezember 1910 in Albert Hall stattgehabten großen internationalen Friedenskundgebung gesagt, er kenne bereits die Weltpetition und stimme deren Ideen und Forderungen durchaus zu.

Die nicht friedensgegnerische Presse Frankreichs verhielt sich im allgemeinen wie die nicht friedensgegnerische Presse anderer Länder: Hier wie dort waren nicht nur die Berichte gewöhnlich dazu angetan, die Sache zu fördern, es erboten sich auch mehrfach Geschäftsstellen von Zeitungen zur Abgabe und Annahme von Unterschriftenbogen bereit. Aber hier wie dort legte die Presse in bezug auf Erörterungen des wesentlichsten Punktes der Weltpetition, des darin vorgeschlagenen völkerrechtlichen Schutzes der Gebietsbestände, eine eigenartige Zurückhaltung, man möchte sagen, Scheu an den Tag. Fehlte das Vertrauen zu einer Idee, die noch nicht allgemein durch die Wissenschaft sanktioniert worden war? Oder fühlte man die herannahende Krise der politischen Amfortaswunde? Wollte man es vermeiden, sich dem Anschein der Mitverantwortung für den etwaigen Ausbruch der Krise auszusetzen?

In den anderen Ländern hatte es die Partei der Machtveredler verhältnismäßig leichter als in Frankreich, Unterschriften zur Weltpetition zu sammeln.

Groß war in Großbritannien die Zahl der Unterschriften. Unter den durch Abstimmung in Körperschaften gewonnenen sind die der Gewerkschaften (Trades Unions) der unabhängigen Arbeiterpartei, des nationalen Lehrerverbandes (National Union of Teachers), der National Brotherhoods, die im Anschluß an Gottesdienste gesammelten usw. Im Laufe dreier Propagandareisen im Herbst 1910 und im Winter, Frühjahr und Herbst 1911 hielt ich zahlreiche Vorträge, sowohl öffentliche als in privaten Gesellschaftsräumen (drawing-room-meetings), hauptsächlich in und um London, sodann in Cambridge, Liverpool, Manchester, Southport, Monkseaton, Wisbech, Coventry, Ipswich, Felixstowe, Norwich, Halstead, Colchester, White Coln, Brighton, Southampton, Bridgewater, Plymouth, St. Austell, Redruth, Truro, Cardiff, Cork, Dublin, Belfast, Glasgow, Paisley, Dundee, Preston-Pans, Edinburgh. Was von Einzelpersonen an Mitarbeit geleistet wurde, zeigen Beispiele wie die folgenden: Der Rektor einer höheren Knabenschule reichte einer der Londoner Sammelstellen 600 persönlich gesammelte Unterschriften ein; eine angesehene Familie in Brighton hatte im Laufe eines Jahres 4575 Unterschriften geworben. Einem Herrn in Peterborough gelang es, auf einem Petitionsbogen die Unterschriften von 37 Parlamentsmitgliedern und die des Lord Mayors von London zu vereinigen. Verhältnismäßig zahlreich war überhaupt in politischen Kreisen die Zustimmung. Von den auch außerhalb ihres Vaterlandes bekanntesten Unterzeichnern und Förderern seien nur genannt Lord Weardale, der bekanntlich einer der britischen Delegierten auf der Ersten und auf der Zweiten Haager Friedenskonferenz war. Sodann das um die freundschaftlichen Beziehungen zwischen Deutschland und Großbritannien, besonders der Kirchen, so verdiente langjährige Mitglied des Unterhauses, Hon. J. Allen Baker, der außerdem, wie auch eine Reihe anderer Parlamentsmitglieder in anderen Städten es taten, das Vortragsprogramm der Werbeversammlung in Cambridge mit mir teilte. Zu den Gelehrten und Publizisten, die unterzeichneten, gehört F. W. Hirst Esq., der Verfasser von „The Arbiter in Council" und Herausgeber der Zeitschrift „The Economist". Der ehemalige liberale Einpeitscher (whip) für Schottland, Hon. John W. Gulland, schrieb mir als Sekretär des Schatzamtes am 26. April 1911 von 12, Downing Street: „... I am very interested in your Petition. As for myself, being a member of the Government, I am not free to sign it, although of course I am heartily in favor of its prayer ..."

Bezeichnenderweise kam in Deutschland, was die führenden Kreise anbetrifft, die Ermutigung stärker aus der Gelehrten- als aus der politischen Welt, womit nicht gesagt sein soll, daß nicht auch Politiker die Weltpetition befürworteten. Sie fand z. B. die Zustimmung des Herrenhausmitgliedes und Delegierten auf den beiden Haager Friedenskonferenzen, Herrn Professor Dr. Ph. Zorn. Unterschrieben wurde sie u. a. von dem Präsidenten der deutschen Gruppe der interparlamentarischen Union, Herrn Professor Dr. Eickhoff, M. d. R., Herrn Konrad Haußmann, M. d. R., Herrn Gyßling, M. d. R., Herrn Professor Dr. L. Quidde, Mitglied des bayrischen Landtags. Fast ausnahmslos haben die deutschen Völkerrechtsgelehrten, an die herangetreten wurde, unterzeichnet, wenn auch dann und wann einmal ein mehr oder minder unwesentlicher Vorbehalt gemacht wurde. Herr Geheimer Justizrat Professor Dr. Th. Niemeyer-Kiel, schrieb mir am 24. März 1910: „... ich finde Ihre Redaktion vortrefflich und möchte nichts hinzusetzen noch streichen. Nehmen Sie meine Unterschrift hiermit gütigst unter Ihre Führung". Zu den Gelehrten anderer Fakultäten, die sich mit besonderer Wärme der Förderung der Weltpetition annahmen, gehören Herr Geheimrat Professor Dr. W. Foerster-Berlin, Herr Geheimrat Professor Dr. W. Ostwald-Leipzig, Herr Professor Dr. Heinrich Weinel-Jena. Durch die Ortsgruppen der von Herrn Dr. Adolf Richter-Pforzheim und den rastlos für die Erhaltung des Friedens kämpfenden Herrn Stadtpfarrer O. Umfrid geleiteten deutschen Friedensgesellschaft, durch Studenten- und Frauenvereine und andere Organisationen wurden Vortragsversammlungen, denen sich meist eine freie Aussprache anschloß, in den folgenden Städten veranstaltet: Berlin*), Königsberg i. Pr., Jena, Hamburg, Nürnberg, Breslau, Cassel, Dresden, Eisenach, Freiburg i. B., Frankfurt a. M., Gotha, Heidelberg, Heilbronn, Lauffen, München, Mannheim, Magdeburg, Straßburg i. Elsaß, Schorndorf, Stuttgart, Schweinfurt, Stettin, Zoppot, Wiesbaden. Daß erfreuliche Wirkungen nicht ausblieben, davon gibt es Beispiele die Fülle. Eine Dame aus Straßburg schrieb, sie bedauere nur, daß sie das zweite Tausend nicht ganz voll bekommen habe. Ein treuer Freund der Sache in Schorndorf hatte 1035 Unterschriften gesammelt. Aus Hannover wurden wiederholt 3000 Weltpetitionsbogen auf einmal zu Sammelzwecken erbeten. Im „Bismarck-Jahrbuch für deutsche Frauen für 1911" erschien von Frau Geheimrat Franziska Kromayer geb. von Gruber eine kleine preisgekrönte Novelle, die mit dem Weltpetitionsunternehmen bekannt machte und von der später Zweitdrucke in der Tagespresse Jenas und Heilbronns erschienen. Im Sommer 1912 schloß Herr F. Decker, Düsseldorf, der in hingebungsvoller Weise die Hauptsammelstelle für Deutschland — weitere größere Sammelstellen befanden sich in Stuttgart, Königsberg i. Pr. und in Berlin — leitete, einen Brief über das lebhafte Einlaufen von mit Unterschriften bedeckten Weltpetitionsbogen mit den Worten: „Es ist überhaupt jetzt, wie wenn im Frühling das Eis schmilzt. An allen Orten kracht das Eis der Teilnahmlosigkeit!"

In Österreich, dem Vaterlande der Baronin Bertha von Suttner, deren Bücher „Die Waffen nieder!" „Schach der Qual!" usw. zusammen mit der von ihr begründeten, und später von Dr. Alfred H. Fried geleiteten Zeitschrift „Die Friedenswarte" auch auf mich, die geborene Friedensfreundin, starken Einfluß ausgeübt hatten, erfolgte lebhafte Mitarbeit. Hauptsächlich war dies der Fall in den Kreisen der Logen, der Lehrerschaft, des Handels. Zustimmungen auch aus politischen Kreisen und eine Fülle den Mut erfrischender Kundgebungen brachten die in Wien, teils gemeinsam mit Bertha von Suttner und Dr. Alfred H. Fried, in Warnsdorf und Linz a. D. gehaltenen Vor-

---

*) In den Städten, deren Name gesperrt ist, fanden mehrere Vortragsversammlungen statt.

träge. Ein Lehrer in Linz a. D. hatte allein 1462, der Besitzer eines großen Fabrikbetriebes mehrere Tausende von Unterschriften eingesandt. In Ungarn wurde besonders im letzten Jahre vor Ausbruch des Weltkrieges die Werbetätigkeit rege. Bei einem Werbevortrag, den ich in Budapest hielt, führte der päpstliche Prälat Dr. Alexander Gießwein den Vorsitz.

Aus Dänemark war die erste europäische Einladung zu einer Propagandareise gekommen. Der dänische Gymnasialdirektor Herr C. Olsen hatte, wie so viele Ausländer alljährlich zu tun pflegten, im Sommer 1909 die Universitäts-Ferienkurse in Jena besucht. Dort wurde er mit dem Weltpetitionsunternehmen bekannt und aus einem Gegner der ihn bis dahin utopisch dünkenden Friedensbewegung ein Förderer der Weltpetition geworden, für die er dann mit dem ganzen Eifer eines tiefreligiösen Gemütes wirkte. Dank seiner Bemühungen und der der dänischen Friedensfreunde, an ihrer Spitze Fredrik Bajer, der Gründer der skandinavischen Gruppe der interparlamentarischen Union, und dessen Gattin, konnte ich im Herbst 1909 durch sieben Vorträge in Kopenhagen in den verschiedenen Gesellschaftsschichten mit den der Weltpetition zu Grunde liegenden Ideen bekannt machen. Zunächst die Geistlichkeit gelegentlich eines Konvents, sodann Frauen-, Volksschullehrer- und Universitätsvereine. Zwei Vortragsversammlungen hatte der sozialdemokratische Reichstagsabgeordnete und spätere Minister Stauning einberufen und in einer derselben den Vorsitz geführt.

Durch die werktätige Mitarbeit Fredrik Bayers war es auch, daß zuerst in Norwegen Unterschriften gesammelt wurden. Jedoch war man dort zum Teil der Ansicht, es sei zweckmäßiger, mit einer kräftigen Propaganda abzuwarten, bis das Datum der Dritten Haager Friedenskonferenz festgesetzt sei.

Die Schweiz war das zweite europäische Land, aus dem eine Einladung zu einer Propagandareise kam. Der hingebungsvoll für den Weltfrieden arbeitende Zentralpräsident der schweizerischen Friedensvereine, Herr Dr. Franz Bucher-Heller-Luzern, veranlaßte, daß öffentliche Vortragsversammlungen in Basel, Luzern, Zürich, Winterthur und Schaffhausen anberaumt wurden. Dort wurde denn auch, nachdem auf dem Wege von Kopenhagen nach der Schweiz noch in Berlin und in Straßburg i. Elsaß Vorträge stattgefunden hatten, die schweizerische Werbearbeit für die Weltpetition eingeleitet. Ein Vortrag in Lausanne folgte später. Bezeichnend für die Zustimmung, die die Weltpetition in dem Lande fand, wo ja das Referendum daheim ist, ist ein Wort, daß sich in einem der schweizerischen Presseberichte befindet: „Jede Unterschrift ist eine gute Tat".

In Belgien war die Unterschriftensammlung in allen Gesellschaftskreisen sehr gut in Gang gekommen. Besonders verdient hatte man sich dort auch in ausgesprochen katholischen Kreisen um die Sache gemacht. Die Hauptsammelstellen hatten in Brüssel eingerichtet: Herr Senator Professor Henri Lafontaine, Präsident des internationalen Friedensbüros; Frau Baronin Lavaleye, Vorsitzende der belgischen Friedensgesellschaft der Frauen, und Herr Ch. Rossignol, Vorsitzender des internationalen Büros der Lehrerverbände (Bureau International des Fédérations d'Instituteurs). Wiederholt folgte ich Einladungen, um in öffentlichen und privaten, größeren und kleineren Versammlungen Werbevorträge in Brüssel und den umliegenden Städten, auch in Antwerpen, zu halten. Weil charakteristisch für das Interesse im Volke, sei aus den vielen Zuschriften eine Stelle eines Briefes des Direktors der „Université Populaire" von Laeken, Herrn F. Spaelants, herausgegriffen; „ . . . Il me tarde donc de vous dire, avec quel plaisir et quelle reconnaissance nos membres se souviendront de la conférence dont vous avez bien voulu les honorer. Pour nous qui connaissons bien le public Laekenois, nous savons seuls peut-être avec quelle admiration vous fûtes écoutée, et nous pouvons vous assurer avec vérité, qu'il étudie à cette heure vos excellentes pensées, ... notre très vive sympathie vous accompagne partout . . ."

Die Werbearbeit in Schweden wurde auf dem 18. Weltfriedenskongreß, der im August 1910 in Stockholm tagte, eingeleitet. Es folgten im Anschluß an den Kongreß Werbevorträge in Stockholm, u. a. gemeinschaftlich mit Ellen Key auf dem skandinavischen Lehrerkongreß, sodann in Sundsvall, Hernösand, Örebro, Karlstad und Malmö. Überall fand die Idee freudige

Aufnahme. In Karlstad, wo am 23. September 1905 ein wechselseitiges Übereinkommen das neue Verhältnis zwischen Schweden und Norwegen festlegte und einen drohenden Krieg zwischen beiden Staaten verhinderte, wurde der Weltpetition besonders kräftige Unterstützung zuteil. So nannte Mauritz Hellberg, Mitglied der zweiten und später der ersten Kammer, einer jener hochherzigen und heldenhaften Männer, deren Entschlossenheit und Standhaftigkeit die schwedisch-norwegische Vereinbarung am 23. September 1905 mit zu verdanken ist, dem kein persönliches Opfer an Gut und Familienglück zu groß war im Kampf um jenen geschichtlichen Sieg der Vernunft und Menschlichkeit, in einem Leitartikel der von ihm herausgegebenen „Karlstads-Tidningen" vom 20. August 1910 den in der Weltpetition unterbreiteten Vorschlag das „Ei des Kolumbus" des Weltfriedensproblems.

In Holland war man anfänglich derselben Ansicht wie in Norwegen. Man wollte erst dann mit Hochdruck werben, wenn das Datum der Dritten Haager Friedenskonferenz in Sicht sei, da dann die Unterschriftenernte um so reicher ausfallen würde. Doch sahen die holländischen Friedensfreunde bald ein, daß durch ein derartiges Hinausschieben ja gerade einer der Hauptzwecke der Weltpetition zunichte gemacht worden wäre. Der Zweck nämlich, zur politischerzieherischen Vorarbeit zur Dritten Haager Friedenskonferenz beizutragen, ein klares Verständnis für das, worauf es auf der nächsten Haager Friedenskonferenz ankommt, zum Allgemeingut zu machen. Welch' wirksames Mittel zu diesem Zweck sich in der Weltpetition darbot, das sah man ohne weiteres in Holland ein, und es entwickelte sich dort eine lebhafte und klug geleitete, auch alle finanziellen Opfer auf sich nehmende, großzügige Werbetätigkeit. Einladungen, Werbevorträge in Leyden, im Haag, in Scheveningen, Rotterdam, Winterswyk, Arnheim, Haarlem und mehrere in Amsterdam zu halten, folgte ich in den Jahren 1910, 1912 und 1913. Wie in Belgien so kam es auch in Holland vor, daß militärische Persönlichkeiten in Uniform den Vorträgen beiwohnten. Von dem Verständnis und der Sympathie, die man der Kern- und Grundidee des Weltpetitionsvorschlages entgegenbrachte, zeugt z. B. ein Aufsatz, den Ministerialrat Freiherr Dr. B. de Jong van Beek en Donk dem Weltfriedenskongreß von 1912 zur Beherzigung geschrieben. Der Artikel erschien in der von Dr. Alfred H. Fried herausgegebenen „Friedenswarte", September 1912 und ist „Völkerrechtskodifikation und Genfer Weltfriedenskongreß" überschrieben. An einer Stelle heißt es dort: „Ist in der Richtung, die Lebensinteressen der Staaten durch deutliche Rechtsregeln zu bestimmen, etwas zu tun? Ich glaube: ja! Auf dem Stockholmer Weltfriedenskongreß hat Frl. Eckstein den Wunsch geäußert, den sie mit ihrer unermüdlichen, begeisterten Propaganda durch ganz Europa verbreitet, daß die Staaten diesen fundamentalen Vertrag schließen sollen: Daß die Autonomie und die territoriale Integrität verbürgt werden, und daß gegen den Willen eines der betreffenden Staaten und der auf ihrem Gebiete lebenden Bevölkerung keine Veränderung in dieser Richtung vorgenommen werden darf. In der Tat haben wir hier die zwei vornehmsten Lebensinteressen jedes Staates: Schutz des Staatsgebietes und der Souveränität über dieses Gebiet. Wenn der Genfer Weltfriedenskongreß . . . diese Bestimmungen annimmt und darauf dringt, daß auf der Dritten Haager Friedenskonferenz derartige Rechtsregeln zustandekommen, dann würde die Beratung zu einem glücklichen Resultat geführt haben."

Beträchtlich war die Zahl der Unterschriften, die vom Winter 1907 an bis 1909 in den Vereinigten Staaten von Nordamerika zusammen gekommen war. Hauptsächlich leisteten die Kirchengemeinden der verschiedensten Konfessionen und Sekten dankenswerte Mitarbeit. Was Unterschriften durch Abstimmung in Körperschaften anbetrifft, so sind mit am stärksten beteiligt der deutsch-amerikanische Nationalbund, dessen Abteilung für Friedensbestrebungen, der auch ich als Mitglied angehörte, von dem rastlos und hingebungsvoll für die Friedenssache arbeitenden, 1914 verstorbenen Herrn Dr. Ernst Richard, Professor an der Columbia-Universität New-York, geleitet wurde; sodann die „Association of Cosmopolitan Clubs" der amerikanischen Colleges und Universitäten unter ihrem damaligen Präsidenten und Schriftleiter ihres Organs „The Cosmopolitan Annual", Herrn Louis P. Lochner. (Nach Kriegsausbruch Geschäftsleiter der Ford-Expedition.) Zu den bemerkenswerten Zuschriften aus Amerika gehört eine von einem in den Vereinigten Staaten von Amerika studierenden jungen Japaner. Er teilte mit, daß er seine ganzen Sommerferien dazu benutzt habe, Propagandavorträge für die Weltpetition zu halten, und auf diese Weise auch außerhalb seiner Universität zahlreiche Unterschriften gesammelt habe. Er erbat sich weitere Sendungen von Weltpetitionsbogen und gleichzeitig eine größere Anzahl von Exemplaren des Sonderabdrucks eines im „Boston Transcript" wiedergegebenen Aufrufs „An Appeal to Educators",*) den ich an die am 14. Mai 1909 in Boston, Mass., stattgehabte Hauptversammlung des Lehrerverbandes von New England (New England Teachers' Association) gerichtet hatte. In diesem Aufruf ist die erzieherische Notwendigkeit numerisch kleiner, die Zahl von 10 Kindern nicht übersteigenden Schulklassen für alle Kinder vom 5.-15. Lebensjahr und die durch Verwirklichung der Weltpetitionsidee geschaffene wirtschaftliche Möglichkeit der Besoldung eines entsprechenden Mehrs von Lehrkräften dargelegt. Besonders den in diesem „Aufruf an Erzieher" ausgesprochenen Gedanken galt das außerordentliche Interesse des jungen Japaners.

Es war meine Absicht gewesen, erneut eine kräftige Werbearbeit in den Vereinigten Staaten von Nordamerika und dann weiter in Mexiko, Zentral- und Südamerika und in Asien ins Werk zu setzen, sobald die Werbearbeit in den europäischen Ländern genügend organisiert gewesen wäre. Es war anders bestimmt: Im Frühjahr 1913 brach meine Gesundheit zusammen. Bereits festgelegte, vielversprechende Vortragsreisen, u. a. die obenerwähnte zweite in Frankreich, und die für jenes Jahr teils vorbereitete Verbreitung der Weltpetition in Spanien, Rußland, Bulgarien usw. mußten auf unbestimmte Zeit verschoben werden.

---

*) Der Aufruf fand überall, wo immer ich ihn bei entsprechender Zuhörerschaft in meine Werbevorträge mit aufnahm, warmes Interesse und Zustimmung. So z. B. auf der 6. Jahresversammlung des Internationalen Büros der Lehrerverbände („Bureau International des Fédérations d'Instituteurs"), die vom 11.—13. August 1911 in Berlin tagte (siehe Bericht des Büros „Session de 1911, Reunion de Berlin"); weiter in Paris auf der am 5. April 1912 dort stattgehabten Jahresversammlung der „Fédérations des Amicales des Institutrices et Instituteurs publics" u. a. m.

Als meine Spannkraft anfing wiederzukehren, loderte der Weltkrieg auf. Alle Werbetätigkeit für die Weltpetition kam zum Stillstand. Einerseits konnte und kann ich, indem ich in warmer Dankbarkeit der Unterzeichner und all derer gedenke, die durch wertvolle Werbearbeit und mir persönlich erwiesene liebenswürdigste Gastfreundschaft das Weltpetitionsunternehmen förderten, nun nur hoffen und wünschen, der Geist, der den großdenkenden, großherzigen, leider am 21. Januar 1914 verstorbenen amerikanischen Friedensfreund, Herrn Edwin Ginn, und dessen Gemahlin veranlaßte, finanziell die Verbreitung der Weltpetition zu ermöglichen, möge in den Vereinigten Staaten von Nordamerika weiterschwingen und dort diejenigen Kräfte erwecken, die von dem, von Gott mit unermeßlicher Machtfülle begnadeten Staate her nötig sind, um in naher Zukunft die Verwirklichung der völkerrechtlichen Ordnung herbeizuführen, die Sinn und Zweck der Weltpetiontion war.

3. Umgestaltung der Weltpetition in die Form des Entwurfs zu einem allgemeinen Staatenschutzvertrag zur Sicherung des bleibenden Weltfriedens.

Andrerseits benutzte ich die Propagandapause, wie in der Vorbemerkung bereits mitgeteilt, auf Anregung Herrn Geheimen Justizrat Professor Dr. Th. Niemeyers, zu einer Neubearbeitung der Weltpetition. Ich gestaltete sie in die oben unterbreitete Form des Entwurfs zu einem allgemeinen Staatenschutzvertrag zur Sicherung des bleibenden Weltfriedens um. Der Vergleich der dunkeln mit der lichten Seite des Bildes, das die mittelst der Weltpetition angestellte Rundfrage ergab, stärkte den auch durch meine persönlichen Erfahrungen gefestigten Glauben an den nicht allzufernen Sieg der Machtveredler aller Staaten. Ein Glaube, den die beispiellose Katastrophe, die seit 1914 über die Menschheit hereingebrochen ist, nicht erschüttert, sondern stählt. Denn durch den entsetzenvollen Weltkrieg kommen in allen Ländern jene Machtveredler, die vor dem Kriege noch dem der Erkenntnis baren reinen Toren Parzifal glichen, zur Erkenntnis der Urrechte und der Urpflichten aller. Es wird in ihnen der Wille zur Vollkommenheit geboren. Und zwar mit jenem Schrei, von welchem am 9. November 1916 unser Reichskanzler Exzellenz Dr. von Bethmann-Hollweg sprach. Mögen durch die Lehren des Weltkrieges auch alle Machtmißbraucher zu Machtveredlern werden, und möge so der Sieg der Machtveredler ein vollkommener sein. Möge Präsident Wilson gemeinschaftlich mit den Führern aller Völker aus der vermeintlich „unausrottbar sündigen Welt" in ritterlichem Geiste reiner Gottes- und Nächstenliebe „die bessere Welt schaffen" — bald.

Printed by Libri Plureos GmbH
in Hamburg, Germany